„Essener Beiträge zur Geschichte der Sozialdemokratie und Arbeiterbewegung"
Band I

Herausgegeben durch die SPD Essen:
Günther Friedrich / Geschäftsführer
Unter wissenschaftlicher Verantwortung von
Detlev J.K. Peukert, Fach Geschichte der Universität Essen
Redaktion: Frank Bajohr

Anton Klein / Fritz Labudat

Überleben und Widerstehen

Nationalsozialismus, Krieg und Nachkrieg in den Tagebüchern von Sozialdemokraten

Herausgegeben von
Frank Bajohr und Ernst Schmidt

Geschichte im | Klartext Verlag

Impressum
1. Auflage November 1985
In der Reihe „Geschichte im Klartext"/ Essener Beiträge zur Geschichte der Sozialdemokratie und Arbeiterbewegung
Gesamtausstattung: Klartext, Essen
Dokumente und Fotos: Archiv Ernst Schmidt
Druck: Fuldaer Verlagsanstalt, Fulda

ISBN 3-88474-110-1/ 16,80 DM

Was wollen die „Essener Beiträge zur Geschichte der Sozialdemokratie und Arbeiterbewegung"?

Die Geschichte Essens und des Ruhrgebiets im 19. und 20. Jahrhundert ist vor allem die Geschichte der arbeitenden Menschen. Das hat die traditionelle Regionalgeschichtsschreibung aber lange übersehen. Oft verstellten eine Industriegeschichte als bloße Werks- und Unternehmergeschichte, eine Heimatgeschichte der Bauernkotten und Pohlbürger oder eine Stadtgeschichte der Honoratioren den Blick darauf, daß die Lebensformen des Industriereviers durch den Bergmann, den Stahlwerker oder den Eisenbahner mit seinen Familien, in der Gemeinschaftlichkeit des Arbeitens und des nachbarschaftlichen Wohnens ganz stark geprägt waren.
Erst seit einigen Jahren regt sich eine neue demokratische Heimatgeschichte schichte, in der Historiker mit Zeitzeugen und anderen Interessierten „vor Ort" zusammenarbeiten. Folgerichtig rückt die „Geschichte der kleinen Leute" in den Mittelpunkt des Interesses; das gilt zugleich auch für ihre Arbeits- und Lebensformen und für ihre sozialen und politischen Organisationen. Die geschichtlichen Traditionen der Arbeiterbewegung, der Aufbau der Gewerkschaften gegen alle „Herr-im-Hause-Widerstände", der gerade im Revier langwierige Entwicklungsprozeß der Sozialdemokratie, der Widerstand der Arbeiterbewegung gegen den Nationalsozialismus und das Bemühen um einen Neubeginn 1945 kennzeichnen entscheidende Etappen dieser demokratischen Heimatgeschichte der Stadt Essen und des Reviers.
Solche Traditionsbildung zu fördern und mit geschichtlichem Wissen zu untermauern und kritisch voranzubringen, ist das Anliegen der „Essener Beiträge zur Geschichte der Sozialdemokratie und Arbeiterbewegung": Wir wollen also solchen historischen Initiativen in unserer Stadt eine Veröffentlichungsmöglichkeit bieten, dabei sowohl vergessene Zeugnisse zugänglich zu machen und auch Forschungsergebnisse einem breiteren Leserkreis vorstellen. Zugleich wollen wir dabei vor allem die Geschichte der arbeitenden Menschen, der Arbeiterbewegung und die Tradition der Sozialdemokratie in Essen und im Revier bewußt machen.
Geschichtsschreibung dieser Art sollte wissenschaftlich und populär zugleich sein. Herausgeber und Redaktion der „Essener Beiträge" bemühen sich daher, den nicht fachlich vorgebildeten Leser anzusprechen und seine Erwartungen zum Maßstab der Publikation zu machen. Das bedeutet keineswegs einen Verlust an wissenschaftlicher Qualität der Forschungen und an den wissenschaftlichen Maßstäben der Herausgabe, sondern Zugewinn

an Verständlichkeit der Texte etwa durch sorgfältige Kommentierung von Quellen und, wo immer möglich, durch Veranschaulichung und Illustration.

Tagebücher zweier Essener Sozialdemokraten aus der Zeit des Nationalsozialismus – seltene Quellen sorgsam kommentiert – und die Geschichte der freien Schulen in Essen – ein vergessenes Stück Demokratie im Bildungswesen – das sind die beiden ersten Bände dieser Schriftenreihe. Die nächsten Bände der „Essener Beiträge" sollen in unregelmäßiger Folge mit ein bis zwei Veröffentlichungen im Jahr erscheinen. Ob es uns letztlich gelingt, zur demokratischen Traditionsbildung in unserer Stadt und Region beizutragen, hängt vom kritischen Dialog mit unseren Lesern ab. Bitte wenden Sie sich daher mit Ihren Anregungen und Hinweisen jederzeit an uns.

Peter Reuschenbach
Vorsitzender des SPD-Unterbezirks Essen

Dr. Detlev J.K. Peukert
Fachbereich 1 – Geschichte
Universität Essen GHS

Inhalt

Ernst Schmidt
Zwei wichtige Quellen zur Essener Geschichte 5

Frank Bajohr
Widerstand, Krieg und Nachkriegsalltag
aus autobiographischer Perspektive 9

Anton Klein
„...daß ungefähr alles eingetroffen ist,
was ich niederschrieb." Reflexionen und Aufzeichnungen
über Nationalsozialismus und Krieg
1939 - 1941 21

Fritz Labudat
„Heute habe ich meine letzten Kartoffeln verbraucht."
Tagebuchaufzeichnungen über das Kriegsende
und die ersten Nachkriegstage
Februar - August 1945 119

Ernst Schmidt
Zwei wichtige Quellen zur Essener Geschichte

Im Jahre 1981 wurde ich gebeten, für den Katalog der in der Alten Synagoge eröffneten Dauerausstellung „Widerstand und Verfolgung in Essen 1933 – 1945“ einen Beitrag zu schreiben, der unter dem Titel „Dokumente vermitteln Geschichte“ erschien. In ihm stellte ich einige Dokumente aus der Ausstellung vor und berichtete über Menschen, deren Namen in ihnen erwähnt wurden.

Eines dieser Dokumente war ein Gerichtsbeschluß des II. Senats beim Oberlandesgericht Hamm vom 15. Juni 1936. Er betraf 56 angeklagte Antifaschisten und besagte, daß die Untersuchungshaft gegen sie fortdauere. Einer der Angeklagten hieß Johannes Klein, war Sozialdemokrat gewesen und wohnte in Essen–Borbeck.

Von ihm wußte ich, daß er nach unmenschlichen Vernehmungen durch die Gestapo später zu zwei Jahren und drei Monaten Zuchthaus verurteilt worden war. Nach Verbüßung der Strafe in das Konzentrationslager Buchenwald überführt, kam er später in das berüchtigte Strafbataillon 999. Als Angehöriger dieser Einheit ist er am 18. oder 19. Dezember 1944 in Jugoslawien gefallen. Ich beschloß, ihn in meinem Artikel zu würdigen.

Dazu genügten aber diese Informationen noch nicht, und vor allen Dingen fehlte mir ein Foto. Zwar wußte ich auch noch, daß er der Sohn von Anton Klein war, einem Veteranen der Borbecker Sozialdemokratie und der Freien Gewerkschaften, aber der war schon lange tot. Auf der Suche nach Angehörigen von Johannes Klein stieß ich auf seine Schwägerin Helene Klein. Ich suchte sie auf und erhielt von ihr ein Foto ihres Schwagers und Hinweise über ihn und seine Familie. Wie selbstverständlich sprach ich auch mit Frau Helene Klein über ihren Schwiegervater, den mein Vater und ich selbst noch gut gekannt hatten. Er war Betriebsrat auf der Zeche Neukölln in Essen–Borbeck gewesen. Auf der gleichen Schachtanlage hatte mein Vater als Hufschmied gearbeitet. Als Angehöriger des Christlichen Metallarbeiterverbandes war auch er einmal in den Betriebsrat gewählt worden. Daß er bei dessen Konstituierung mit seiner Stimme dem Sozialdemokraten und freien Gewerkschaftler Anton Klein zum Betriebsratvorsitz verhalf, hat seine Gewerkschaft ihm damals übel angekreidet.

Nach dem Zweiten Weltkrieg habe ich einmal Anton Klein in seiner kleinen Dachgeschoßwohnung in der Hülsmannstraße aufgesucht. Als junger Kommunist unternahm ich den Versuch, ihn für die Schaffung einer einheitlichen sozialistischen Arbeiterpartei zu gewinnen. Gesprächdetails

sind mir entgangen, doch weiß ich, daß er meinen Gedankengängen skeptisch gegenüberstand.
Von seiner Schwiegertochter Helene erfuhr ich mehr über ihn. Am 3. Dezember 1876 geboren, hatte er nach Kinder- und Jugendjahren die Tochter des Borbecker Bergmannes Heinrich Wolf geheiratet, der um die Jahrhundertwende zu den Gründern der Sozialdemokratischen Partei Deutschlands in der preußischen Landgemeinde zählte. Fünf Kinder entsprossen der Ehe, drei Jungen und zwei Mädchen. Sohn Heinrich verunglückte 1924 im Alter von 21 Jahren tödlich, Tochter Gertrud starb im Alter von erst einem Jahr, Sohn Johannes verlor achtunddreißigjährig im Strafbataillon 999 sein Leben und sein 1908 geborener jüngster Sohn Josef, der spätere Mann von Helene Klein, kehrte aus dem Zweiten Weltkrieg auch nicht mehr zurück. Als vermißt gemeldet, konnte sein Schicksal bis heute nicht aufgeklärt werden. Lediglich Tochter Johanna überlebte als einziges der Kinder die Eltern. Gepflegt von seiner Schwiegertochter Helene, starb Anton Klein am 24. November 1962. Er hatte seine Frau um nur sieben Monate überlebt.

Helene Klein zeigte mir Fotos von der Familie und solche, die Zeugnis ablegen von der sozialistischen Arbeiterjugend- und Arbeitersportbewegung während der Weimarer Republik, in der sie mit den Söhnen der Familie Klein unvergessene Jugendjahre verbracht hatte. Dann holte sie zwei Din A 6 große, mit festem Deckel versehene Notizbücher und legte sie auf den Tisch. „Ich weiß nicht, ob sie sich dafür interessieren", meinte sie, und die Art wie sie das sagte klang fast so, als wolle sie sich entschuldigen. Erklärend fügte sie hinzu: „Das sind Vater Kleins Tagebücher, er schrieb sie in den Jahren 1939 und 1940."

Als ich das erste Buch aufklappte, sah ich auf der ersten Seite die in fein säuberlicher Handschrift geschriebenen Worte: „Tagebuchblätter. Gedanken und Überlegungen über die heutige Zeit." Allein das ließ mich erahnen, welch bedeutsames Dokument sich in meinen Händen befand. Einige wenige Texte, die ich auf den folgenden Seiten las, bestätigten meine Vermutung. In den beiden Büchern hatte ein Mitglied der sozialistischen Arbeiterbewegung auf dem Höhepunkt nationalsozialistischer Macht mit ihrer verlogenen Atitation und Propaganda die eigene Gesinnung bewahrt, sich mit den Geschehnissen jener Tage kritisch auseinandergesetzt und Gedanken niedergeschrieben, die unter Berücksichtigung der damaligen Rechtsprechung den Tatbestand der „Vorbereitung zum Hochverrat" erfüllt hätten.

Mein Freund Theo Gaudig, selbst Antifaschist und KZ-Häftling gewesen, hat nach meinem Besuch bei Helene Klein sofort dafür gesorgt, daß die Tagebücher transkribiert wurden.

Auch einige andere handschriftliche Aufzeichnungen gehörten dazu, die ich ebenfalls erhalten hatte.

Schon damals reifte in mir der Wunsch nach Veröffentlichung dieser Texte.

Im vorliegenden Buch werden auch die Tagebuchaufzeichnungen von Fritz Labudat veröffentlicht, die aus dem Jahre 1945 stammen. Eindrucksvoll und erfüllt von einer Realität, die den Leser fesselt, sind in ihnen die ereignisreichen letzten Wochen des Zweiten Weltkrieges und die ersten Wochen des Friedens festgehalten.

Woher sie kamen, ist schnell erzählt: Im Frühjahr 1980 faßte der Rat der Stadt Essen auf Antrag der SPD–Fraktion den Beschluß, die Alte Synagoge als eine zentrale Mahn– und Gedenkstätte einzurichten. Mit gleichzeitiger Eröffnung der Dauerausstellung „Widerstand und Verfolgung in Essen 1933 – 1945", sollten am 9. November 1980 dem Haus die neuen Aufgaben übertragen werden. Gemeinsam mit Dr. Detlev Peukert und Gustav Streich gehörte ich zu jenem Kreis, der für die inhaltliche und wissenschaftliche Konzeption der Ausstellung verantwortlich zeichnete.

In den Frühjahrstagen des Jahres 1980 wandte sich der damalige Oberbürgermeister Horst Katzor an die Essener Bürger mit der Bitte, in ihrem Besitz befindliche Gegenstände, Dokumente und Fotos aus der Zeit des Faschismus und des Krieges für die Ausstellung zur Verfügung zu stellen. Eines Tages kam Gustav Streich mit den Tagebuchaufzeichnungen des Fritz Labudat. Er hatte sie von dessen Tochter Frau Berta Möller–Dostali erhalten, einer bekannten Essener Sozialdemokratin, die viele Jahre dem Rat der Stadt Essen angehört hatte und 1969 – 1979 Bürgermeisterin gewesen war. Die in den Aufzeichnungen niedergeschriebenen einfachen Worte zeichneten ein eindrucksvolles Bild vom Alltag der Menschen in jenen Wochen und Monates des zu Ende gehenden Krieges und der dann folgenden Nachkriegszeit.

Fritz Labudat, Verfasser der Eintragungen, war am 17. Oktober 1887 in Ostpreußen geboren worden und war in der Nähe von Gumbinnen aufgewachsen. Seine Eltern bewirtschafteten einen kleinen Bauernhof, den später – wie damals üblich – der älteste Sohn, ein Bruder von Fritz Labudat erbte. Dies war auch der Grund, weshalb er sich 1912 dazu entschloß, die Heimat zu verlassen und nach Essen zu gehen, wo er Arbeit bei Krupp fand. Zwei Jahre später ließ er seine Frau und die beiden Töchter nachkommen.

Schon 1908 war er in Ostpreußen Mitglied der SPD geworden. Seine Frau Auguste folgte seinem Schritt und wurde 1914 in Essen ebenfalls Mitglied der SPD. Von 1924 bis 1933 vertrat sie ihre Partei als Abgeordnete im Essener Stadtparlament und wurde in der Zeit des

Nationalsozialismus zweimal verhaftet. Im Jahre 1944 holten ihre im Sudetenland wohnenden Töchter Berta und Anni sie nach dort. Hier – so vermuteten sie – sei die Mutter vor weiteren Verfolgungen sicherer als in Essen, während Vater Fritz Labudat allein in Essen zurückblieb. In dieser Zeit schrieb er dann die Tagebuchnotizen.

Es sollte nach dem Ende des Zweiten Weltkrieges und der nationalsozialistischen Gewaltherrschaft noch etliche Wochen dauern, bis die Familie wieder vereint war. Allein 10 Wochen währte die Wanderschaft seiner Frau und seiner beiden Töchter vom Sudentenland nach Essen. Auguste Labudat hatte einmal die Absicht geäußert, ihre Töchter zunächst allein nach Essen zu schicken. Mit den Enkelkindern wollte sie später nachkommen. Das Ende des Krieges und seine Folgen vorausahnend, hatte Fritz Labudat damals warnend geäußert: „Mutter, wenn der Krieg zu Ende ist, dann befindest du dich im Ausland." Das erklärt auch die Sorge um die Seinen, die man aus den Tagebuchnotizen herauslesen kann.

Fritz Labudat überlebte das Kriegsende noch siebzehn Jahre. Er starb am 16. Juni 1962. Zehn Jahre später, im Jahre 1972, folgte ihm seine Frau Auguste.

Jetzt, 40 Jahre nachdem der sozialdemokratische Arbeiter seine Gedanken niederschrieb, werden sie einer breiten Öffentlichkeit vorgestellt. Sie und die Überlieferungen von Anton Klein vermitteln dem Leser Einblick in eine Zeit, die der Menschheit Leid, Schmerz, Tod und Tränen gebracht hat.

Frank Bajohr
Widerstand, Krieg und Nachkriegsalltag aus autobiographischer Perspektive

Mit der Veröffentlichung der Tagebuchaufzeichnungen der Essener Sozialdemokraten Anton Klein und Fritz Labudat aus den Jahren 1939 – 1945 soll im folgenden eine für die Essener Geschichte bisher nahezu unbekannte Quellengattung vorgestellt werden, die auch im Rahmen der stetig anwachsenden Literaturbasis zum Themenfeld „Arbeiterschaft und Nationalsozialismus“ kaum anzutreffen ist.

Die den meisten Darstellungen zur Geschichte des Dritten Reiches zugrundeliegenden Quellen stammen in der Regel von Behörden verschiedenster Art, Verwaltungen, Ministerien, Gerichten sowie diversen NS-Institutionen wie der Gestapo oder des Sicherheitsdienstes (SD) und sind teilweise in voluminösen Quellenbänden publiziert worden.[1]

Allein für den Einzugsbereich der auch für Essen zuständigen Gestapoleitstelle Düsseldorf haben sich ca. 70000 Gestapo–Personenakten erhalten, die über den Umfang von Widerstand, Protest und Nonkonformismus im Dritten Reich und dessen Verfolgung Auskunft geben und die Grundlage für mehrere Regionalstudien zum Widerstand im Rhein–Ruhrgebiet gebildet haben.[2]

Die unlängst nahezu vollständig publizierten „Meldungen aus dem Reich“[3] des Sicherheitsdienstes (SD) der SS, der als „Meinungsforschungsinstitut der Diktatur“ mit Hilfe von 3000 hauptamtlichen Kräften und 50000 Informanten die NS–Führung ab 1938 über die Stimmungen in

1. Beispielsweise Timothy W. Mason: Arbeiterklasse und Volksgemeinschaft. Dokumente und Materialien zur deutschen Arbeiterpolitik 1936–1939, Opladen 1975;
Broszat, Martin/Fröhlich, Elke/Wiesemann, Falk (Hrsg.): Bayern in der NS–Zeit, Bd. 1., Soziale Lage und politisches Verhalten der Bevölkerung im Spiegel vertraulicher Berichte, München, Wien 1977
2. Hans–Josef Steinberg: Widerstand und Verfolgung in Essen 1933 – 1945, 2. Aufl., Bonn–Bad Godesberg 1973;
Kuno Bludau: Gestapo – geheim! Widerstand und Verfolgung in Duisburg 1933 – 1945, Bonn–Bad Godesberg 1973;
Detlev Peukert: Die KPD im Widerstand. Verfolgung und Untergrundarbeit an Rhein und Ruhr 1933 – 1945, Wuppertal 1980
3. Heinz Boberach (Hrsg.): Meldungen aus dem Reich. Die geheimen Lageberichte des Sicherheitsdienstes der SS aus dem Reichssicherheitshauptamt 1938 – 1944, 16 Bde., Herrsching 1984

der Bevölkerung und die innere Situation des Reiches unterrichtete, gehören ebenfalls zu den wichtigsten erhalten gebliebenen Quellen des NS–Systems.

Weniger umfangreich sind dagegen diejenigen Quellenbestände, die den Blick „von oben" durch die notwendige Perspektive „von unten" ergänzen. Zu den wichtigsten zählen zweifellos die sogenannten „Deutschland–Berichte" der SPD–Exilorganisation, der SOPADE, die auf Berichten sozialdemokratischer Vertrauensleute im Reichsgebiet aus den Jahren 1933 – 1940 basierten.[4] Von ähnlicher Bedeutung sind die vor allem in dem Projekt „Lebensgeschichte und Sozialkultur im Ruhrgebiet 1930 bis 1960" in großer Zahl verarbeiteten Interviews mit Zeitzeugen, die als Quelle subjektiver Erfahrung den Blick auf den „verdrängten Kontinuitätsfaktor 'Volk' " gerichtet haben.[5]

Autobiographische Aufzeichnungen, die während der Zeit von 1933 – 1945 angefertigt wurden, sind als Quellengattung für den Bereich der Arbeiterschaft dagegen nahezu unbekannt und besitzen daher angesichts der generell geringen Bedeutung schriftlicher Überlieferungen innerhalb des Arbeitermilieus einen ausgesprochenen Seltenheitswert, zumal regimekritische Aufzeichnungen, die bei Hausdurchsuchungen in die Hände der Gestapo hätten fallen können, für den Verfasser eine ständige Gefahr darstellten.

Dies umreißt die Bedeutung der Tagebuchaufzeichnungen der Essener Sozialdemokraten Anton Klein und Fritz Labudat aus den Jahren 1939 – 1941 und 1945, die – dies gilt vor allem für Anton Klein – als vergleichsweise exponierte Funktionäre der Essener SPD vor 1933 zwar kaum den Durchschnittstypus des Ruhrarbeiters in jener Zeit repräsentierten, deren Aufzeichnungen aber über die Erfahrungen eines sozialdemokratischen Funktionärs im Dritten Reich und über die Entwicklung des sozialdemokratischen Milieus nach 1933 Aufschluß geben können.

4. Klaus Behnken (Hrsg.): Deutschland–Berichte der Sozialdemokratischen Partei Deutschlands (SOPADE) 1934 – 1940, Frankfurt am Main 1980
5. Lutz Niethammer (Hrsg.): „Die Jahre weiß man nicht, wo man die heute hinsetzen soll." Faschismus–Erfahrungen im Ruhrgebiet, Berlin, Bonn 1983;
   ders. (Hrsg.): „Hinterher merkt man, daß es richtig war, daß es schiefgegangen ist." Nachkriegs–Erfahrungen im Ruhrgebiet, Berlin, Bonn 1983;
   Michael Zimmermann: Antifaschistischer Widerstand aus anderer Perspektive. Die Erinnerung eines kommunistischen und eines sozialdemokratischen Regimegegners, in: Vestische Zeitschrift, Band 82/83, Jg. 1983/84, S. 37–49
   siehe auch: Kohle war nicht alles. Hochlarmarker Lesebuch, Oberhausen 1981;

Der ehemalige Bergmann Anton Klein (1876 – 1962), als Mitglied des freien Bergarbeiterverbandes seit 1894, Mitglied der SPD seit 1903, Vorsitzender des Borbecker Gewerkschaftskartells von 1925 – 1933 und Mitglied der Ruhrbezirksleitung des freien Bergarbeiterverbandes von 1931 – 1933 eine der bedeutendsten Persönlichkeiten der Essener Arbeiterbewegung vor 1933, begann im Januar 1939 seine „Gedanken und Überlegungen über die heutige Zeit“ darzulegen und vornehmlich die politischen Ereignisse jener Zeit aus der Perspektive des langjährigen Funktionärs der sozialistischen Arbeiterbewegung zu analysieren.

Fritz Labudat (1887 – 1962), dessen Frau Auguste sich als SPD–Stadtverordnete Essens von 1924 – 1933 im kommunalpolitischen Leben der Stadt einen Namen gemacht hatte und 1933 und 1944 von der Gestapo vorübergehend verhaftet worden war, konzentrierte sich in seinen Aufzeichnungen von Februar – August 1945 dagegen hauptsächlich auf die Schilderung seines alltäglichen Überlebenskampfes im Chaos des sechsten Kriegs– und gleichzeitig ersten Friedensjahres.

Die persönliche Situation, in der beide Essener Sozialdemokraten begannen, ihre Gedanken trotz der damit verbundenen Gefahren schriftlich niederzulegen, ist dabei eng verknüpft mit der Entwicklung der Essener Sozialdemokratie und dem Schicksal ihrer Funktionäre nach der nationalsozialistischen Machtübernahme 1933.[6]

Die Essener Sozialdemokratie nach 1933

Bereits im März 1933 war die Essener Sozialdemokratie in den zügellosen nationalsozialistischen Terror, der sich nach dem Reichstagsbrand vom 28.2.1933 zunächst gegen die Mitglieder der KPD gerichtet hatte, einbezogen worden. Eine Woche nach den Reichstagswahlen vom 5. März 1933, bei denen die Essener SPD ihr Stimmergebnis gegenüber den Novemberwahlen 1932 sogar noch um mehr als tausend Stimmen verbessern konnte, nahm die Polizei die sozialdemokratischen Beigeordneten

6. Die Grundlagen für die folgenden Ausführungen über die Widerstandstätigkeit der Essener SPD bilden neben der bereits zitierten Publikation von H.J. Steinberg:
Ernst Schmidt: Lichter in der Finsternis. Widerstand und Verfolgung in Essen 1933 – 1945, 2. Aufl., Frankfurt am Main 1980
Gustav Streich: Ein Neuborbecker im Widerstand, in: Als die Zinkhütte noch lebte. Bergeborbeck – zur Sozialgeschichte eines Stadtteils, Essen 1982, S. 19–25

Krolik und Verspohl, den SPD–Fraktionsvorsitzenden in der Essener Stadtverordnetenversammlung Steinbüchel und den Reichsbannervorsitzenden Hamacher in „Schutzhaft".

Ihren Höhepunkt erreichten die Repressalien gegenüber der Essener SPD jedoch in den Monaten Mai und Juni 1933. Am 2. Mai besetzte die SA die Büros der freien Gewerkschaften und nahm 31 führende Essener Gewerkschaftsfunktionäre fest. Die auf sechs Personen zusammengeschmolzene SPD–Ratsfraktion, darunter auch Auguste Labudat, wurde am 26.5.1933 von den Nationalsozialisten aus dem Sitzungssaal geprügelt und anschließend festgenommen. Weitere polizeiliche Verhaftungen vor und nach dem Verbot der SPD am 22.6.1933 wechselten ab mit „wilden" Terroraktionen der SA, in deren Gefolge der Werdener Sozialdemokrat Peter Burggraf am 17. Juli 1933 von Nationalsozialisten erschlagen wurde.

Die Parteiorganisation der SPD, die auf die sich im Frühjahr 1933 überstürzenden Ereignisse völlig unvorbereitet war, brach innerhalb kurzer Zeit vollkommen zusammen. Insbesondere jüngere Sozialdemokraten jedoch, die die Niederlage der Arbeiterbewegung 1933 nicht tatenlos hinnehmen wollten, fanden sich zu lockeren Zirkeln Gleichgesinnter und einzelnen Widerstandsaktionen zusammen.

Bereits am 1.5.1933 hatte Sozialdemokraten auf der stillgelegten Zeche Pauline in Werden eine illegale Maifeier abgehalten. Zu einem Zentrum des sozialdemokratischen Widerstandes in Essen entwickelte sich der Stadtteil Borbeck, wo sich bereits im April 1933 zahlreiche Funktionäre in der Wohnung des Borbecker Sozialdemokraten Gustav Streich über die zukünftige illegale Arbeit verständigt hatten. In mehreren Essener Stadtteilen wie in Altenessen, Kray, Werden, Steele und Borbeck entstanden lockere sozialdemokratische Zirkel, die sich privat, teilweise jedoch auch öffentlich trafen, wie die Borbecker Sozialdemokraten, die jeden Sonntag in ihrem Stammlokal „Mellis" im Weidkamp zusammenkamen, unter ihnen auch Anton Klein und sein Sohn Johannes.

Anfang 1934 war es schließlich dem nach Prag emigrierten sozialdemokratischen Exilvorstand, der SOPADE, gelungen, über das vom ehemaligen 2. Reichsbannervorsitzenden Gustav Ferl betreute Grenzsekretariat in Brüssel zahlreiche sozialdemokratische Widerstandsgruppen im Ruhrgebiet, am Oberrhein und im Raum Köln zu einem losen organisatorischen Netz zu verknüpfen und mit illegalem Schriftenmaterial, vornehmlich den Zeitungen „Sozialistische Aktion", „Neuer Vorwärts" oder diversen Tarnbroschüren zu beliefern. Eine zentrale Rolle im Literaturvertriebssystem spielte dabei die Brotfabrik „Germania" des Sozialdemokraten August Kordass aus Duisburg–Hamborn. Kordass hatte mehrere sozialdemokratische Funktionäre, darunter auch den Borbecker Hermann

Rotthäuser, als Brotfahrer angestellt, die den Brotverkauf mit dem Vertrieb des illegalen Schriftenmaterials verbanden. Über mehrere von Hermann Rotthäuser belieferte Essener Sozialdemokraten bildete sich ein weitverzweigtes Netz von Lesezirkeln, das auch andere Ruhrgebietsstädte wie beispielsweise Gelsenkirchen mit einbezog. Zu den Kontaktpersonen Hermann Rotthäusers gehörte auch Anton Kleins Sohn Johannes, der seinerseits illegales Schriftenmaterial an die Borbecker Sozialdemokraten Max Marx und Wilhelm Jöhren weitergab.

Im Gegensatz zu den komplexen Widerstandsorganisationen der KPD waren diese sozialdemokratischen Lesezirkel in realistischer Einschätzung der Lage nicht auf den frontalen Widerstand gegen das NS–Regime ausgerichtet, sondern sollten als feste Gesinnungsgemeinschaften langfristig eine gewisse organisatorische Präsenz der Sozialdemokratie gewährleisten, die im Falle einer akuten Regimekrise hätte aktiviert werden können.

Dennoch konnte die Gestapo am 1. Mai 1935 einen ersten tiefen Einbruch in die Widerstandsorganisation der Essener SPD erzielen. Durch Informanten war sie über die Absichten der Sozialdemokraten unterrichtet worden, am 1. Mai 1935 eine illegale Maifeier in der Gaststätte „Alte Burg“ in Werden abzuhalten und konnte so 23 Sozialdemokraten auf einen Schlag verhaften.

Mit Hilfe brutalster Verhörmethoden, die den Rüttenscheider Sozialdemokraten Alfred Hitz in den Selbstmord trieben und denen der Werdener Sozialdemokrat Franz Voutta einige Monate später erlag, vergrößerte sich die Zahl der Verhaftungen, denen am 25.6.1935 auch Johannes Klein zum Opfer fiel. Auch Johannes Klein wurde bei den Vernehmungen von der Gestapo derart schwer mißhandelt, daß er fast ein Jahr im Gefängniskrankenhaus verbringen mußte. Am 9.7.1936 verurteilte ihn das Oberlandesgericht Hamm zu zwei Jahren und drei Monaten Zuchthaus wegen Vorbereitung zum Hochverrat und weitere 56 Mitangeklagte zu Gefängnis– und Zuchthausstrafen.

Der einzige führende Funktionär der illegalen Essener SPD, der der Verhaftungswelle zunächst entgehen konnte – nämlich Gustav Streich – setzte die illegale Arbeit bis zum März 1936 fort, ehe auch er einer Verhaftungswelle, die vornehmlich Sozialdemokraten des nördlichen Ruhrgebietes erfaßt hatte, zum Opfer fiel.

Kontinuität des sozialdemokratischen Milieus?

Mit der Verhaftung Gustav Streichs hatte der organisierte sozialdemokratische Widerstand in Essen sein Ende gefunden. Lediglich die Essener

Gruppe der sogenannten „Roten Kämpfer“ um Erwin Lange, Dietrich Oppenberg und die Gebrüder Gehrmann, die sich vornehmlich aus jüngeren linksoppositionellen Sozialdemokraten zusammensetzte, vermochte bis zum November 1936 illegal weiterzuarbeiten, bis auch sie dem Zugriff der Gestapo erlag.

Damit war ein Großteil derjenigen Essener Sozialdemokraten, die sich nach der Machtübernahme der Nationalsozialisten zu illegaler Arbeit bereitgefunden hatten, in Gefängnissen und Zuchthäusern inhaftiert, während nur wenige wie der ehemalige SPD–Stadtverordnete Wilhelm Nieswandt oder der Steeler Sozialdemokrat Heinrich Spies in Freiheit verblieben waren. Für manche der Inhaftierten schloß sich nach der Verbüßung der Haftzeit noch die Überweisung in ein Konzentrationslager an, unter ihnen Johannes Klein, der umgehend ins Konzentrationslager Buchenwald in „Schutzhaft“ genommen wurde.

Dies war die Ausgangssituation, in der Anton Klein im Januar 1939 mit seinen vorliegenden Aufzeichnungen begann. Seit längerer Zeit kränkelnd, persönlich schwer getroffen durch die bereits mehrere Jahre andauernde Inhaftierung seines Sohnes, verbittert über das Verhalten seiner Schwiegertochter Frieda, die während der Haftzeit von Johannes Klein die Scheidung eingereicht und mit einem Nationalsozialisten angebandelt hatte, sah er angesichts des ihn beklemmenden Gefühls von Verlassenheit und Einsamkeit keinen anderen Weg, als die von ihm früher in zahlreichen Gesprächen und Diskussionen mit Gesinnungsgenossen geführte geistige Auseinandersetzung mit dem Nationalsozialismus nun schriftlich in Tagebuchform fortzusetzen.

„Heute kommt noch selten einer. Ob sie Furcht haben? Ob sie ihre früheren Grundsätze schon genau, wie die Literatur, auf den Scheiterhaufen getragen haben? Oder ob ihr Glaube – halt nicht Glaube, sondern ihr Wissen – einen Stoß erlitten hat? Ich weiß es nicht. Ich will es auch nicht wissen“, schrieb Anton Klein am 19.4.1939 in sein Tagebuch. Dies scheint zunächst auf eine weitgehende Auflösung bisheriger Sozialbeziehungen innerhalb der Sozialdemokratie sechs Jahre nach der nationalsozialistischen Machtübernahme hinzudeuten und die Annahme einer gesinnungsmäßigen Kontinuität der ehemaligen sozialdemokratischen Funktionäre während des Dritten Reiches in Frage zu stellen. Andererseits korrigiert sich Anton Klein, dessen schriftliche Ausführungen in der Kontinuität der demokratischen und humanistischen Traditionen der deutschen Sozialdemokratie stehen, noch auf derselben Tagebuchseite dahingehend, daß sein kritisches Urteil nicht für die Borbecker Sozialdemokraten Bernhard Lummer und Peter Tewes gelte, die ihn „noch oft“ besuchten. Am 8.12.1939, kurz nachdem ihn der aus dem Zuchthaus entlassene Hermann Rotthäuser aufgesucht hatte, der seine Anschauungen auch „nicht geändert" hätte, schrieb Anton Klein gar: „Man kann überhaupt die Beobachtung machen, daß sich von den Gewerkschaften (das heißt den freien) und der früheren SPD (im Gegensatz zur KPD) sehr wenige in das gegnerische Lager begeben haben. Von den Funktionären ganz wenige. Es zeigt sich doch, daß die sozialistische Idee nicht nur an der Oberfläche haften geblieben ist, sondern auch ziemlich tief eindrang."

Wie lassen sich diese scheinbar widersprüchlichen Aussagen, die sicher auch zu einem wesentlichen Teil verschiedene Stimmungslagen Anton Kleins reflektieren, miteinander in Einklang bringen?

Beide Aussagen verlieren etwas von ihrer Widersprüchlichkeit, wenn sie vor dem Hintergrund der Entwicklung der Sozialdemokratie nach 1933 betrachtet werden. Mit dem Verbot der SPD 1933 waren auch ihre Nebenorganisationen verboten worden, die angefangen von Arbeiterjugendgruppen über Arbeitersportvereine, Gesangvereine, Naturfreunde etc. bis zum Feuerbestattungsverein das einzelne Parteimitglied buchstäblich von der Wiege bis zur Bahre begleitet hatten. Mit ihrem Verschwinden wurde gleichzeitig das sich auf ihnen gründende dichte Netz von Sozialbeziehungen einer allmählichen Erosion ausgesetzt.

Hinzu kam, daß die Razzien der Polizei und der wilde SA–Terror im Frühjahr 1933 das Klima in den Arbeiterkolonien verändert, den überwiegend antifaschistischen Konsens und die traditionelle Solidarität ausgehöhlt und ein allgemeines Klima der Angst, des Mißtrauens und der Verunsicherung etabliert hatten. Gemessen an der gesamten Parteimitgliedschaft vor 1933 hatte sich daher nur eine begrenzte Mitgliederzahl zur Fortsetzung der politischen Arbeit unter den veränderten Rahmenbedingungen nach 1933 bereitgefunden, während andere den Weg der inneren Emigration beschritten oder sich auf ein Leben im Dritten Reich einrichteten, das oftmals zwischen Anpassung und Verweigerung schwankte. Sozialmilieus, die nicht dem Zugriff der Gestapo erlagen und sich auch gegenüber der zunehmenden Atomisierung des Alltagslebens[7] als resistent erwiesen, unterschieden sich insofern von traditionellen sozialdemokratischen Milieus vor 1933, als sie ihrer ursprünglichen politischen Grundlagen vollkommen entkleidet wurden.

7. Zur Atomisierung des Alltagslebens vgl. Detlev Peukert: Volksgenossen und Gemeinschaftsfremde. Anpassung, Ausmerze und Aufbegehren unter dem Nationalsozialismus, Köln 1982, S. 280–288

Diese Wandlungsprozesse wurden, nachdem die Terrorwellen des Frühjahrs/Sommers 1933 überstanden waren, vom harten Kern der Partei- und Gewerkschaftsfunktionäre, zu dem auch Anton Klein gehörte, zunächst weniger intensiv empfunden. Im Zuge ihrer langjährigen gemeinsamen politischen Arbeit hatten sich über rein funktionale politische Beziehungen hinausgehende persönliche und freundschaftliche Bindungen entwickelt, die sich als dauerhaft und widerstandsfähig gegenüber den Einflußnahmen des Regimes erwiesen und die im Stadtteil Borbeck besonders stark entwickelt waren, wo sich die Minoritätenposition der SPD im Essener Parteienspektrum vor 1933 besonders kraß ausgeprägt[8] und den Funktionärskern der Borbecker SPD entsprechend zusammengeschweißt hatte. Man traf sich regelmäßig untereinander und hielt über die Versorgung mit illegalem Schriftenmaterial die politische Verbindung zu den Exilorganisationen der Partei aufrecht.

Diesem Zustand bereiteten die Massenverhaftungen durch die Gestapo 1935 und die sich anschließenden mehrjährigen Zuchthaus- oder Gefängnisstrafen ein jähes Ende. Mit der Verhaftung seines Sohnes und seiner engeren politischen Freunde aus dem Borbecker Raum wie Otto Meister, Hermann Rotthäuser oder Gustav Streich wurde Anton Klein fast schlagartig von seinen bisherigen sozialen Kontakten abgekoppelt, die erst Jahre später nach der Entlassung der Verurteilten aus den Gefängnissen und Zuchthäusern neu geknüpft werden konnten.

Die widersprüchlichen Aussagen Anton Kleins über Kontinuität oder Zerfall des sozialdemokratischen Milieus im Dritten Reich wurzeln somit in seinen widersprüchlichen Erfahrungen in jenen Jahren: Wie die Jahre der Einsamkeit nach den Verhaftungen seiner Gesinnungsgenossen den Eindruck eines totalen Zusammenbruches traditioneller sozialdemokratischer Bindungen nahelegen mochten, so konnten die sich nach ihrer Haftzeit bei Anton Klein wieder einfindenden Genossen ebenso den Eindruck einer ungebrochenen Kontinuität der Sozialdemokratie erwecken.

Was an sozialdemokratischen Gesinnungsgemeinschaften die Herrschaft der Nationalsozialisten bis 1945 überdauerte, hatte nur noch wenig mit dem traditionellen sozialdemokratischen Milieu vor 1933 zu tun. Und doch bleibt es richtig, wenn Gustav Streich im Hinblick auf die von ihm bis

8. Bei den Reichstags- und Landtagswahlen 1932 und 1933 hatte die SPD in den Borbecker Stadtteilen Dellwig, Gerschede, Borbeck-Mitte und Bochold weniger als 10 % der Stimmen erhalten. Siehe Herbert Kühr: Parteien und Wahlen im Stadt- und Landkreis Essen in der Zeit der Weimarer Republik . Bonn-Bad Godesberg 1973, S. 266-269

zum Ende der nationalsozialistischen Herrschaft gepflegten und bewahrten Kontakte für sich und andere Sozialdemokraten feststellt: „Es ist den Nazis nicht gelungen, den sozialdemokratischen Geist in Borbeck auszurotten."[9]
Die Gewißheit, sich nicht mit den Nationalsozialisten eingelassen und unter Inkaufnahme von entsprechenden Opfern ihre Gesinnung vor dem Zugriff des Dritten Reiches bewahrt zu haben, gab ihnen eine moralische Legitimation, die ihre politische Handlungsfähigkeit unmittelbar nach dem Kriegsende 1945 sicherstellte.

In jener Phase der Essener Stadtgeschichte unmittelbar vor und nach dem Einmarsch der Amerikaner in Essen, aus der auch die Aufzeichnungen Fritz Labudats stammen, schienen allerdings politische Aktivitäten angesichts der bedrückenden Kriegsfolgen und Alltagssorgen selbst im Bewußtsein sozialdemokratischer Funktionäre in den Hintergrund zu treten.

Essen 1945

Seit dem ersten Großangriff der Royal Air Force auf Essen am 5.3.1943, bei dem 442 Maschinen über 1050 Sprengbomben und 139000 Stabbrand- und Phosphorbrandbomben abwarfen und große Teile der Altstadt in Schutt und Asche legten, hatte die Stadt noch 14 weitere Großangriffe über sich ergehen lassen müssen, bei denen große Teile des Stadtgebietes vollkommen verwüstet wurden.

Allein der letzte Großangriff vom 11. März 1945, bei dem über 8000 schwere Sprengbomben abgeworfen wurden, ließ angesichts seiner verheerenden Wirkung die gesamte Energieversorgung der Stadt praktisch zusammenbrechen.

Bei Kriegsende waren von 184000 Essener Wohnungen nur 24000 geringfügig oder nicht, dagegen 80000 total zerstört. Das Geschäftsviertel der Innenstadt war zu 90 % dem Erdboden gleichgemacht und 70 % aller Straßen unpassierbar geworden. 6,8 Millionen Kubikmeter Schutt bedeckten das Essener Stadtgebiet.[10]

Auch das Ehepaar Fritz und Auguste Labudat hatte wie viele andere

9. Zit. nach Gustav Streich: Illegale Arbeit in Essen–Borbeck, in: Manfred Geis u.a.: Widerstand und Exil der deutschen Arbeiterbewegung 1933 – 1945, Bonn 1982, S. 262
10. siehe Erich Heyn: Zerstörung und Aufbau der Großstadt Essen, Bonn 1955

Essener zu den Ausgebombten gehört. Nachdem Auguste Labudat als ehemalige Stadtverordnete der SPD im Rahmen der Aktion „Gitter“ nach dem gescheiterten Attentat auf Hitler vom 20. Juli 1944 vorübergehend in der Essener Vollzugsanstalt inhaftiert worden war, begab sie sich anschließend zu ihren Töchtern Anni und Berta ins Sudentenland, um weiteren möglichen Verhaftungen zu entgehen.

Fritz Labudat, der zunächst bei Bekannten untergekommen war, lebte zu jener Zeit in der als Notunterkunft hergerichteten und nahezu vollständig zerstörten Volksschule Bochold 1 an der Wüstenhöferstraße, wo auch die vorliegenden Aufzeichnungen entstanden. Sie zeichnen ein wirklichkeitsgetreues Bild des alltäglichen Lebens in der Stadt Essen des Jahres 1945, wo nahezu alle Gedanken um die Ernährungssituation kreisen und selbst stundenlange Fußmärsche in strömendem Regen für die vage Aussicht auf ein „paar Kartoffeln“ unternommen werden.

„Eigentlich wollte ich früh nach dem Garten gehen in der Hoffnung, ein wildes Kaninchen zu erwischen, denn die haben wir jetzt in den Gärten... Meine letzte Schnitte Brot habe ich heute morgen gegessen. Jetzt habe ich noch etwas Schwarzwurzelblättersuppe und zu Mittag und zu Abend noch ein Glas Mangold. Morgen früh noch ein paar Pellkartoffeln und dann bin ich am Ende mit meinen Lebensmitteln“, schreibt Fritz Labudat am 20. Mai 1945.

Wo der alltägliche Überlebenskampf, der sowohl mitmenschlich–solidarische als auch egoistische Züge aufwies, Handeln und Denken der Menschen bestimmte, wo selbst die Befriedigung elementarster Lebensbedürfnisse nicht mehr gewährleistet war, mußte die Politik – anders als in den Aufzeichnungen von Anton Klein – fast notwendigerweise in den Hintergrund treten: „Nieswandt klagt immer, wir haben zu wenig Leute.“

„Warum ich das alles so aufschreibe?“ rechtfertigte Fritz Labudat am 28.5.1945 seine Tagebuchnotizen: „Ich weiß, daß man das Schlechte so leicht vergißt und das ist ja das Gute im menschlichen Leben. Aber wenn ich noch einmal gesund werde und wir uns alle noch einmal gesund wiederfinden sollten, dann sollen diese Zeilen Euch und vor allen Dingen unseren Enkelkindern ein bleibendes Dokument sein und dazu beitragen, den Antikriegsgedanken in ihre Hirne einzuzwängen.“

Es wäre zu wünschen, daß die Publikation der Tagebuchaufzeichnungen der beiden Essener Sozialdemokraten Anton Klein und Fritz Labudat, in denen sich wichtige Etappen deutscher und Essener Geschichte in autobiographischer Anschaulichkeit widerspiegeln, zur Erfüllung dieses Wunsches beiträgt.

Um dem Leser das Verständnis der in den Tagebüchern behandelten und oftmals nur angedeuteten Sachverhalte zu erleichtern, wurden die Aufzeichnungen mit erklärenden Anmerkungen versehen.

Da die Plastizität und Unmittelbarkeit der Originalaufzeichnungen in der Druckfassung erhalten bleiben sollte, wurde ferner auf eine Korrektur der Fehler in Orthographie, Stil und Interpunktion verzichtet. Für die maschinenschriftliche Transkription der Tagebuchaufzeichnungen Anton Kleins gilt abschließend Herrn Theo Gaudig, für die Fritz Labudats Frau Anni Trebing ein besonderer Dank.

Goldene Hochzeit des Ehepaars Klein am 15.11.1950

Anton Klein
„...daß ungefähr alles eingetroffen ist, was ich niederschrieb.“

Reflexionen und Aufzeichnungen über Nationalsozialismus und Krieg 1939 – 1941

Essen–Borbeck, den 25.1.1939

Wer weiß es, wie lange man noch zu leben hat. Gesundheitlich geht es immer schlechter. Die Perioden des Wohlbefindens werden immer kürzer, die gegenteiligen immer länger und endlich werden die Kräfte erschöpft sein und das Ende ist da. Wer weiß wann?

So will ich die Tage, die mir noch bleiben, benutzen, um meine Gedanken und Schlußfolgerungen der heutigen Zeit zu widmen und die Taten und Vorkommnisse im dritten Reich zu würdigen und sie mit dem Vergangenen vergleichen, um zu sehen und zu untersuchen, was denn nun Gutes für die Arbeiterschaft zu buchen ist.

Sechs Jahre der NS–Regierung liegen hinter uns und es ist nötig, zuerst einen Rückblick über die 6 Jahre zu tun. Außenpolitisch ist ja anscheinend ein gewaltiger Erfolg zu verzeichnen.

1) Die Abstimmung im Saargebiet.[1]
2) Die Errichtung der Wehrmacht.[2]
3) Eroberung von Österreich.[3]
4) Sudetenland.[4]
5) Freiheit der Rheinschiffahrt.[5]
6) Bündnis mit Italien. (Achse Berlin-Rom) Antikomintern–Bündnis mit Italien, Japan, Ungarn usw.[6]

Vom NS–Standpunkt aus gesehen, ein großer Erfolg. Es ist aber auch richtig, das Ganze mal von anderer Perspektive aus zu betrachten. Das Jahr 1938 hat uns gezeigt, daß die Welt einem Krieg sehr nahe war und das er nur verhindert wurde durch zwei Faktoren. Einmal durch die Furcht vor dem Krieg selbst und zweitens durch die Arbeit und Mäßigung der demokratischen Staaten. Aber wird der Krieg auch weiter zu verhindern

1. Am 13. Januar 1935 hatten sich in einer unter der Regie des Völkerbundes (zum Völkerbund siehe Anm. 19) durchgeführten Volksabstimmung 477119 von 528005 stimmberechtigten Saarländern (90,4 %) für den Anschluß an das Deutsche Reich ausgesprochen.
2. Am 16. März hatte die deutsche Reichsregierung unter dem Bruch der Rüstungsbeschränkungen des Versailler Vertrages das „Gesetz über den Aufbau der Wehrmacht" verkündet, das die Wiedereinführung der allgemeinen Wehrpflicht in Deuschland sowie die Vergrößerung des Heeres von 100000 auf 550000 Mann vorsah.
3. Um einer für den 13. März 1938 geplanten Volksabstimmung über die Selbständigkeit Österreichs zuvorzukommen, waren am 12. März 1938 deutsche Truppen in Österreich einmarschiert. Einen Tag später erließ die deutsche Reichsregierung das „Gesetz über die Wiedervereinigung Österreichs mit dem Deutschen Reich", das durch eine „Volksabstimmung" am 10.4.1938 nachträglich scheinlegalisiert wurde.
4. Am 29.9.1938 hatten sich das Deutsche Reich, Großbritannien, Frankreich und Italien im sogenannten „Münchener Abkommen" über die Abtrennung des Sudetenlandes von der Tschechoslowakei und seine Eingliederung in das Deutsche Reich geeinigt. Ab 1. Oktober marschierten deutsche Truppen in das Sudetenland ein, das Hitler als seine „letzte territoriale Forderung" bezeichnet hatte.
5. Am 14.11.1936 kündigte das Deutsche Reich die Bestimmungen des Versailler Vertrages über die internationale Kontrolle der deutschen Flüsse (Rhein, Donau, Oder, Elbe) einseitig auf, nachdem unter dem Bruch der Verträge von Locarno und Versailles am 7.3.1936 deutsche Truppen in das entmilitarisierte Rheinland einmarschiert waren.
6. Nachdem sich das Deutsche Reich an den vom Völkerbund verhängten Wirtschaftssanktionen wegen des italienischen Angriffs auf Abessinien nicht beteiligt hatte, kam es 1936 zu einer politischen Annäherung des faschistischen Italiens und des nationalsozialistischen Deutschlands, für die Benito Mussolini in einer Rede am 1.11.1936 in Mailand das Schlagwort von der „Achse Berlin–Rom" prägte.
   Der gegen die kommunistische Internationale gerichtete „Antikominternpakt" wurde am 25.11.1936 zwischen dem Deutschen Reich und Japan abgeschlossen. Ihm trat Italien am 6.11.1937 bei.

sein, wird der Frieden erhalten bleiben? 1918, nach dem Völkermorden, schallte es durch alle Staaten: „Nie wieder Krieg!“ Der humanistische Gedanke war auf dem Vormarsch und wie sieht es jetzt aus?

Italien erobert sich Abessinien.[7] Ohne jegliche Kriegserklärung marschiert es ein, und heute ist es ein großes Imperium. Schon streckt es seine Hand aus und sein Ziel ist Tunis. Wie wird dieser Streit enden? Im fernen Osten dieselben Erscheinungen. Japan scheint sich zum Beherrscher dort aufschwingen zu wollen und ein fernöstliches Imperium wird dort herrschen. Auch ohne Kriegserklärung Krieg.

Wenn wir die anderen Tatsachen uns vor Augen führen wollen, so sehen wir vor allen Dingen, das große Wettrüsten, das in allen Staaten der ganzen Welt mit aller Macht und allen Mitteln gefördert wird mit der Devise: „Wer den Frieden will, muß für den Krieg rüsten!“ So sehen wir weiter, wie nicht nur die Wehrpflichtigen, sondern von den kleinen bis zu den großen Schülern, ja bis zu den Akademikern die Wehrhaftigkeit gefördert wird. In allen Wehr– und Kriegsvereinen und sonstigen Korporationen, nichts als Wehrsport. Außerdem gibt es Wehrverbände, die militärisch ausgerüstet und geschult sind, ein Heer neben dem Heer. Von der Wiege bis zum Alter Militarismus. In den Schulen wird der Übernationalismus gelernt und mit aller Energie der Wille zum Kampfe (sagt man) großgezogen. Nun sehen wir mal zu, wo der Ausgangspunkt war. Die Schuld tragen die Parteien, die in der Politik nicht mehr den geistigen Kampf gelten ließen, sondern alles mit Gewalt zwingen wollten. In erster Linie die Kommunisten. Nach der Eroberung von Rom[8] durch die Faschisten wurde dieser Zustand auch in Deutschland akut und es ist interessant zu sehen, wie gerade in den autoritären Staaten sich diese Dinge ungeheuer schnell entwickelt haben, während in den demokratischen Staaten diese Dinge noch weit zurück sind. Aber auch dort geht man dazu über, sich allmählich anzupassen. So wird in nicht allzuferner Zeit die Welt ein einziges Heerlager sein, das man zum Teil nur öffentlich sieht, zum Teil aber verborgen blüht. Und in diesem Heerlager hört man nun nichts anderes predigen wie den Nationalismus und jedes Volk glaubt nun, das Beste zu sein. Wenn dieses Feuer lange

7. Am 2.10.1935 fielen italienische Truppen in Abessinien ein, eroberten das Land bis Mai 1936 und zwangen den äthiopischen Kaiser Haile Selassie zur Flucht ins Exil. Während des Besuchs des italienischen Außenministers Graf Ciano in Berlin vom 20. – 25.10.1936 erkannte das Deutsche Reich die Annexion offiziell an.

8. Um ihre Regierungsbeteiligung zu erzwingen, hatten die italienischen Faschisten unter Mussolini am 28.10.1922 den „Marsch auf Rom“ inszeniert. Daraufhin wurde Mussolini vom italienischen König Victor Emanuel III. mit der Regierungsbildung beauftragt.

genug unter der Oberfläche geschwelt hat, wird es endlich mit ungeheurer Wucht durchbrechen, ganz gleich, wo es durchbricht und dann wehe den armen Menschen in Europa. Man ruft stets nach dem Frieden und ist auch bereit Frieden zu halten, wenn wir unseren Willen kriegen. So sagt Japan und führt Krieg gegen China, so sagt Italien und nahm Abessinien und will jetzt auch Tunis, so sagt Deutschland und will, außer dem was es schon hat, seine Kolonien. So hat jeder Staat seine Forderungen. Wenn nun die Gegenpartner nicht darauf eingehen, was dann?

Wie die Stimmung hierzu in den anderen Ländern ist kann man sich vielleicht vorstellen, aber wissen tun wir nichts, denn was wir hier davon lesen, gibt uns keinen Aufschluß.

Der Spanienkonflikt wird ja nun auch bald beendet sein, denn anscheinend geht der Krieg in Spanien bald seinem Ende entgegen.[9] Schrecklich ist der Bürgerkrieg; aber war es nun ein Bürgerkrieg? Alle Staaten stritten anfangs ab, daß aus ihren Ländern Freiwillige an den Kämpfen beteiligt seien. Ich glaube aber, daß ohne diese der Krieg anders ausgegangen wäre. In den letzten Wochen sind in Italien ja Freiwillige, die zurückkehrten, vom Duce[10] selbst empfangen und dekoriert worden. Welche Komödie wurde dort gespielt. Eins steht fest, die demokratischen Staaten haben hier eine gewaltige Schlappe erlitten.

16.4.1939

Nachdem ich lange gepaust habe, setze ich meine Aufzeichnungen fort. Vor einigen Tagen ist auch Memelland wieder zu Deutschland gekommen. Wie es in den Zeitungen heißt, hat Litauen es freiwillig zurückgegeben. Wie weit das zutrifft, kann man nicht untersuchen.[11]

9. Mit der Einnahme Madrids am 28.3.1939 durch die nationalspanischen Truppen und damit dem endgültigen Sieg des Faschistenführers Franco über die Anhänger der spanischen Republik fand der seit Juli 1936 tobende Spanische Bürgerkrieg seinen endgültigen Abschluß. Die massive Unterstützung Francos mit deutschen und italienischen Truppenkontingenten und modernstem Kriegsgerät hatten den Kriegsausgang entscheidend beeinflußt. Neben der zur Unterstützung Francos entsandten deutschen „Legion Condor", deren Existenz von den NS-Machthabern bis zur Siegesparade am 6.6.1939 in Berlin strikt geleugnet worden war, kämpften im Spanischen Bürgerkrieg andererseits viele emigrierte deutsche Antifaschisten in den „Internationalen Brigaden" gegen die faschistische Intervention.

10. Duce (ital.) = Führer, Bezeichnung für den italienischen Diktator und Faschistenführer Benito Mussolini

11. Am 23.3.1939 waren deutsche Truppen ins Memelland, das nach 1918 von Litauen annektiert worden war, einmarschiert. Zwei Tage zuvor hatte Hitler die litauische Regierung mit einer ultimativen Drohung zur Abtretung Memels aufgefordert, das der Provinz Ostpreußen angegliedert wurde.

Das Neueste geschah in den letzten Tagen. Italien besetzte mit seinen Truppen Albanien. Als Vorwand natürlich die Bedrohung der italienischen Interessen. Eigenartig wie sich die beiden, Faschismus und Nationalsozialismus, in ihren Methoden völlig gleichen. Erst provozieren, drohen und dann handeln. Wo bleiben Treu und Glauben?

In der vorigen Woche wurde ein Gesetz erlassen über die H.Jugend. Jeder ist jetzt verpflichtet seine Kinder, wenn sie 10 Jahre alt sind, zur HJ anzumelden, sonst macht er sich strafbar. In seinem Buch: Mein Kampf, sagt H.: die Familie ist die Keimzelle des Staates. Wie ist das nun eigentlich gemeint? Faßt er sie nur auf als Keimzelle, also als Zeugungsinstitut, plastisch gesagt als Kinderfabrik, oder als die Grundlage, die zur Bildung eines Staates notwendig ist. Sehen wir uns diese Dinge mal recht genau und objektiv an. Im nationalsozialistischen Staat haben die Eltern das Bestimmungsrecht über ihre Kinder fast vollständig verloren. Bis zum zehnten Lebensjahr können sie sie ernähren und betreuen. Dann übernimmt der Staat die Betreuung und den Eltern bleibt die Ernährung und sonstigen Unterhalt. Also eigentlich Familie gleich Keimzelle gleich Zeugungsinstitut.

Vor einigen Wochen kam auch eine Verordnung heraus, die eine Bereinigung des Handwerkes und auch eine Bereinigung des Einzelhandels vorsieht. Alle selbständigen Handwerker und auch Kleinhändler, die kein Monatseinkommen von 300 M. aufweisen können, sollen diesen Ständen oder Berufen entzogen, umgeschult und in andere Berufe versetzt werden, also mit anderen Worten gesagt, in die Lohnarbeiterschaft gedrängt werden. Wenn man boshaft wäre, müßte man sagen: Geschieht ihnen ganz recht, denn sie haben sich ja ihren Henker selbst gewählt! Uns als alte Sozialisten und besonders denjenigen, die nationalökonomisch gebildet sind, ist dieses nichts Neues. Wir wissen, daß die Entwicklung nicht umgestoßen werden kann und daß auch ohne Hitler und seine Trabanten die Entwicklung diesen Weg gehen wird.

Aber interessant ist es doch, daß seitens der Vertreter des Vierjahresplanes diese Entwicklung mit Gewalt gefördert wird. Noch vor einigen Jahren trieften die Reden nur so von Wohlwollen für den Handwerkerstand und für die kleinen Geschäftsleute. Wer erinnert sich nicht daran, daß 1933 sich in den Köpfen der Gedanke breit machte: Jetzt geht es an die großen Konzerne und Warenhäuser heran – und was ist aus alledem geworden? Nur einige Konsumvereine und die Kleinen sind auf der Strecke geblieben und im Übrigen geht der Zug nach großen Produktionsstätten und großen Handelsstätten weiter.

Nur eins fehlt bei der ganzen Geschichte. Die Produktionsarbeit wird durch ihre Größe und Konzentration billiger, die Produktionskosten niedriger, aber der Konsument spürt davon nichts, denn die Preise bleiben gleich hoch oder steigen noch an. Wirklich ein Nonsens! Aber wo liegt die

Ursache? Irgendwie muß doch ein Fehler in der Rechnung sein. Ja der Fehler ist da. Die Verbilligung kommt nicht dem Konsumenten zugute, sondern dem Unternehmer. Die Dividenden steigen. Die Tantieme nimmt zu und immer neues Kapital wird investiert, auch in Fehlinvestitionen und das Ende vom Liede was wird das sein? – Alle Maßnahmen, die bisher in Beziehung auf die Wirtschaft getroffen wurden, dienen nur dem Kapital und der Arbeiter hat nur seine Arbeitskraft bis zur Erschöpfung herzugeben.

18.4.1939

Einer Verordnung muß ich noch gedenken, die am 1.4.39 in Kraft getreten ist. Man kündigt in großen Versammlungen und in großen Worten in der Presse die Bedeutung der Verordnung an. Die Verordnung soll den Bergarbeitern außerordentliche Vorteile bringen. Die Verordnung besagt, daß aus wirtschaftlichen Gründen eine Steigerung der Produktion eintreten muß und daß daher eine Erhöhung der Leistung notwendig ist. Deshalb muß die Bergarbeiterschaft pro Tag 3/4 Stunde Überarbeit leisten, die mit 25 % Zuschlag vergütet werden. Außerdem wird die Mehrleistung die eintreten soll, mit 200 % Zuschlag vergütet.

Die Zechen sollen ferner den Arbeitern die Möglichkeit bieten, sich Schweine zu halten. Die Schweine sollen von den Zechen geliefert werden und den Arbeiten ratenweise vom Lohn abgehalten werden. Auch sollen die Bergarbeiter zusätzlich Fett erhalten, natürlich gegen Bezahlung. Also ein sehr großer „Vorteil". Nur der Kumpel will, wenn man ihn so unbelauscht reden hört, den Vorteil nicht sehen.

Man hat sogar schon ein kleines Liedchen darauf gedichtet. Wie man mir mitteilte, sollen schon 200 M. Belohnung durch Anschlag auf einer Zeche geboten werden, demjenigen, der den Verfasser des Liedchens namhaft macht. Wahrscheinlich will man den Verfasser prämieren.

Wie steht es nun mit den 200 % für Mehrleistung. Die Sache steht so. Wenn in einem Betrieb eine Normalleistung, sagen wir mal von 8 oder 10 Wagen angesetzt ist und die Kumpels haben dann eine Leistung von 8 1/2 oder 9 bzw. 10 1/2 oder 11 Wagen, dann gibt es für die 1/2 bzw. 1 Wagen Mehrleistung 200 % Zuschlag. Nun kommt die Frage: Wer setzt die Leistung fest? Der Betriebsführer. In der Verordnung heißt es mit dickgedruckten Zeilen, daß am Gedinge[12] nichts geändert werde. Neues Gedingewesen könne nur vom Treuhänder angeordnet werden. Eine höhere Leistung wird erzielt werden, aber selten Mehrleistung. Die weitere

12. Gedinge = bergmännischer Ausdruck für Akkord

Frage: Wie steht es bei den Schichtlöhnern? Die 3/4 Stunden sind da. Ob der Kumpel seine 8–stündige Schicht noch mal wiederbekommt? Aber was wird der Kumpel jetzt im Fett schwimmen. Wo soll er damit eigentlich hin? Aber der 8 Stundentag ist begraben!

In der vergangenen Woche kam eine Friedensbotschaft vom Präsidenten Rosewelt [sic!][13], von Amerika, in der gefordert wird, die deutsche Regierung solle eine Erklärung abgeben, daß sie in folgende Staaten nicht einmarschieren werde. Es sind alle Staaten aufgeführt. Am 28. April wird der Reichstag einberufen. Dort wird Hitler jedenfalls die Botschaft beantworten. Wie diese ausfallen wird, kann man sich wahrscheinlich wohl denken, da ja die Presse in Deutschland allgemein die Roseweltsche [sic!] Botschaft ja jetzt als schon als Anmaßung bezeichnet.

Ich las vor einigen Tagen einige historische Schriften, über die Indianeraufstände, unter der Führung von Pontiac, Tecumseh und Sitting Bull geschrieben von Frank Sander. In diesen Büchern schiebt man die Schuld an der Vernichtung der Nordamerikanischen Indianer den Amerikanern zu, gewiß mit großem Recht. Diese Bücher geben mir Anlaß, mich mit diesen Dingen zu befassen, und die Methoden der Kolonisierung der einzelnen Staaten auf ihre Methoden und Handlungen zu untersuchen, nicht nur der Amerikaner, sondern aller Staaten die kolonisiert haben.

19.4.39

Ehe ich zu dem Thema von gestern fortfahre, möchte ich noch einiges sagen, was so recht meiner Stimmung von heute entspricht. In den vergangenen Jahren besuchte mich noch der eine oder andere von den früheren Kollegen und Genossen mit denen man seine Gedanken austauschen und die Probleme, die augenblicklich die Welt interessieren durchsprechen und es war immer eine Befriedigung, wenn man das, was man sozusagen auf der Leber hatte sich heruntersprechen konnte. Mir war es immer ein Bedürfnis. Heute kommt noch selten einer. Ob sie Furcht haben? Ob sie ihre früheren Grundsätze schon genau, wie die Literatur, auf den Scheiterhaufen getragen haben? Oder ob ihr Glaube – halt nicht Glaube, sondern ihr Wissen – einen Stoß erlitten hat? Ich weiß es nicht. Ich will es auch nicht wissen. Aber eins weiß ich und sage es auch immer wieder: Man

13. Franklin Delano Roosevelt (1882–1945), von 1933–1945 Präsident der USA, hatte am 14.4.1939 – nach der deutschen Besetzung der Tschechoslowakei und dem italienischen Einfall in Albanien – an beide Staaten ein Schreiben gerichtet, in dem eine zehnjährige Nichtangriffsgarantie für insgesamt 31 genannte Staaten gefordert wurde.

wird nicht irre an einer Idee, wenn man sie einmal als richtig erkannt hat, oder man hat sie überhaupt noch nicht vollständig begriffen. Das ist ja eben die Tragödie, daß, ehe sich der Gedanke durchsetzen konnte, er von den egoistischen Trieben zu stark überwuchert wurde. Die allzustarke Selbstliebe scheint mir auch an dem Verhalten in der heutigen Zeit so mancher Schuld zu sein und deshalb wundere ich mich gar nicht darüber. Es ist eben Schicksal, daß, wenn man alt wird, man auch einsam wird. Jeder wird deshalb auch begreifen, wie schwer es mir ist, daß mein Hans[14] nicht hier ist. Trotzdem er gegen mich gesehen noch jung ist, besitzt er doch ein so eminentes Wissen, daß man alle Probleme mit ihm erörtern und durchsprechen kann. Mancher Alte von früher muß sich schämen, daß er nicht sich soviel Wissen erworben hat.

Sonst kam auch der Kamerad Lummer noch mal öfter*, einer derjenigen Kollegen, der mir mit am liebsten war. Warum? Weil er viel von meinen Gedanken und meinem Wissen aufgenommen und sich wirklich zu einer Intelligenz entwickelt hatte. Ob auch er sich fürchtet oder ob die neue Zeit abfärbt?

Ich schätze diejenigen Menschen, die nicht alles kritiklos hinnehmen, sondern versuchen, alles logisch zu durchdenken und zu verarbeiten, denn nur so ist man in der Lage, die richtigen Schlußfolgerungen zu ziehen. – Was die früheren Kameraden Marx und noch andere bewegt, daß sie sich vollständig fernhalten, ich weiß es nicht. Ich bin mir keines Verstoßes gegen die Freundschaft und Kollegialität bewußt und wenn andere Ursachen, oder nur eingebildete Ursachen, sie abhalten, dann muß ich mein Urteil von früher, daß sie tiefgründige Charaktere seien ändern und sie eben unter die oberflächlichen Menschen einreihen. Ich muß eben versuchen mir selbst gerecht und selbst genug zu sein und der Versuch ist schon aus Notwendigkeit des Versuchs wert und deswegen die schriftliche Gedankenniederlegung.

Ich habe in all den vergangenen Jahren ausschließlich meiner Idee gelebt, habe für sie gekämpft und gestritten. Manche Chance die sich mir auf meinem Lebensweg bot, habe ich nicht aufgenommen, weil ich meiner

* Ich muß von Kamerad Lummer wiederrufen. Er war durch besondere Umstände eine Zeit lang verhindert, und trifft das Gesagte für ihn nicht zu. Aber für die anderen Kameraden, habe ich meine Worte vollkommen aufrecht halten können.
Auch für Peter Tewes trifft das Gesagte nicht zu. Er besucht mich noch oft.

14. Anton Kleins Sohn Johannes Klein war am 25.7.1935 als Mitglied der illegalen Essener SPD von der Gestapo verhaftet worden. Am 9.7.1936 verurteilte ihn das Oberlandesgericht Hamm wegen Vorbereitung zum Hochverrat zu 2 Jahren und 3 Monaten Zuchthaus. Nach Verbüßung der Strafe wurde Johannes Klein ins Konzentrationslager Buchenwald überführt. Als Angehöriger des Strafbataillons 999 kam er im Dezember 1944 ums Leben.

Idee nicht schaden wollte. Habe ich unrecht gehandelt? Nein, und nochmals nein! Ich müßte mich selbst verachten, wenn ich den Weg gegangen wäre. Der Idealist strebt auch ohne den Dank der Massen zu höheren Zielen. Genug davon. Zurück zu dem Thema vom vorigem Tage.

Die Kolonisierung der fremden Erdteile oder auch der Staaten ist ja keine Erscheinung der Jetztzeit und nicht nur des Mittelalters, sondern sie reicht bis in die graue Vorzeit zurück. Wo liegt nun die Ursache zu diesem Drange zu kolonisieren? Vielerlei Faktoren tragen dazu bei. Einmal Vergrößerung des Wirtschaftsraumes, dann die Form der Wirtschaft selbst. Abenteuerdrang und vor allen Dingen der Drang nach großem Gewinn, also die Sucht sich zu bereichern. Aber auch die Herrschsucht ist ein Faktor.

Schon bei den alten Völkern, den alten Griechen, Römern, Phöniziern und wie sie sonst noch hießen, war der Drang zur Ausdehnung vorhanden. Es war auch bei denen nicht nur Abenteuerlust, sondern hing mit der Wirtschaftsform zusammen. Die Wirtschaft war von ihrem Sklavenbesitz abhängig und da sie ihre eigenen Volksgenossen nicht alle zu Sklaven machen konnten, mußten sie sich andere Gebiete erobern und die Völker die sie besiegten, wurden zu Sklaven gemacht. Entweder verwüstete man das eroberte Gebiet und brachte die Sklaven ins eigene Land, (Vorausgesetzt, daß man noch genug anzubauendes Land hatte) oder man blieb im eroberten Land, und ließ es durch die zu Sklaven gemachte Bevölkerung bebauen. Vorwiegend haben eine derartige Kolonisation auch im Altertum die Seemächte betrieben.

Auch das alte römische Reich hatte, (wenn auch nicht von Anfang an) diese Wirtschaftsform und mußte daher die gleichen Methoden anwenden, wie ihre Vorgänger. Wir sehen denn auch wie es sich mehr und mehr ausdehnte, wie es immer mehr Völker unter ihre Botmäßigkeit zwang und sie zu Sklaven machte. Als dieses Erobern aufhörte und seine Wirtschaftsform nicht mehr den Ansprüchen genügte, also daß der Markt nicht mehr mit Sklaven beschickt werden könnte, zerfiel ihre Macht und so mußte das große Rom den Barbaren ihre Macht abtreten. Das „Roma aeterna“[15] war aus.

Im Laufe der Zeit entwickelten sich dann die europäischen Staaten zu großen Gebilden und mit der Entdeckung von Amerika, Westindien und den Wegen nach Indien beginnt die Kolonisierung der neu entdeckten Länder. Als Staat, der schon früh kolonisierte, ist wohl zuerst England zu

15. Roma aeterna (lat.): Ewiges Rom

nennen. Dann Holland und Frankreich, vor allen Dingen aber Spanien. Wenn man heute den Amerikanern den Vorwurf macht, die Indianer in Nordamerika ausgerottet zu haben, dann soll man auch der Spanier gedenken. Wer kennt nicht die Namen Fernando Cortez, Pizarro, Alvarez und noch viele, die nicht in hundert Jahren, nein, in kürzeren Zeiträumen ganze Indianervölker vernichteten. Wer kennt nicht die Geschichte von Mexiko, von Peru, Chile und noch weiter von Südamerika. Wenn in Süd- und Mittelamerika die Indianer nicht ausgerottet wurden, dann deshalb, weil die Indianer mehr seßhaft waren, sich mit den Eroberern vermischten und so ein Mischvolk aufwuchs, das die Eroberer allmählich verdrängte. Außerdem schützt das ausgesprochene Tropenklima die Indianer, weil der Europäer nicht überall siedeln kann. Bekannt ist ja von der Besiedelung N.Amerikas, daß zuerst die Holländer am Hudson siedelten. Dies wurde ihnen von den Engländern abgekauft. Und von dort aus setzte sich der Vormarsch nach Westen fort. Den Indianern wurden für Tand ihre Gebiete abgehandelt und wenn es eben nicht auf friedlichem Wege ging, brauchte man Gewalt.

Inzwischen waren die Franzosen im Golf von Mexiko gelandet und gründeten Neu Orleans. Von hier aus trieben sie allmählich ihre Siedlungen vor bis Quebec (Kanada). Die Indianer waren die Leidtragenden. In dem nun zwischen Engländern und Franzosen ausbrechenden Kriege wurden immer und immer wieder die Indianer hingemordet. Außerdem hetzte man die Indianer gegeneinander und ließ sie sich selber abschlachten. So ging mancher Stamm und manches Volk zugrunde. Der Krieg war beendet, die Franzosen verdrängt.

Immer mehr Menschen strömten in das Land, Menschen aller Nationen, Engländer, Franzosen, Deutsche, Italiener, ein ganzes Konglomerat, die alle ein ungeheurer Hunger nach Land beseelte und so wurden dann die Indianer immer mehr nach Westen und Norden, in die Berge und Wüsten verdrängt. In den ihnen angewiesenen Reservationen fanden sie keine Nahrung mehr. Sie waren Jägervölker und da sie kein Wild mehr fanden, starben sie und verdarben sie. Dieser Todeskampf gegen die roten Völker erstreckte sich über einen Zeitraum von fast 200 Jahren und wurde mit einer beispiellosen Grausamkeit geführt und heute sind nur noch klägliche Reste von Indianern vorhanden.

Ebenso brutal und grausam, wie in Amerika, wurde auch in Indien kolonisiert. Alle die Dinge aufzuführen würde im Rahmen eines Tagebuches zu weit führen. Wer kennt nicht die Gründung der Ostindischen Kompanie, einmal die englische, die französische, die holländische. Wem ist nicht der

Name Kitchener[16] bekannt? dem damaligen Gouverneur von Indien, wer kennt nicht die Dinge in Indochina? wer nicht die Drangsale, die die Inder auszuhalten hatten? Für die Kolonisatoren selbst und deren Beauftragte galt nur die Devise: Bereichert Euch!

Was hier für England gilt, gilt in gleichem Maße für die Franzosen in Algerien, in Tunis, für die Holländer im Malaischen Archipel, für die Spanier und Franzosen in Marokko, für Australien, Neuseeland, Tahiti, den Westindischen Inseln und Afrika. Auch noch einiger anderer Staaten müssen wir gedenken. Da ist wieder Frankreich zu erwähnen und dann Belgien. Im französischen und belgischen Kongo wurde hauptsächlich Kautschuk gesammelt als Exportartikel. Ferner wurde viel Elfenbein erbeutet, das auch ein Handelsartikel war. Welch unzählige Qualen wurden über die armen Schwarzen verhängt um immer mehr den Ertrag an Kautschuk zu erhöhen. So wie in Indien die sogenannte Kitra[17] angewendet wurde, um zu erpressen, wurden auch die Schwarzen mit allen Mitteln gepeinigt. – Die Portugiesen besitzen in Afrika die Kolonie Angola. Auch sie haben mit denselben Mitteln kolonisiert wie die anderen Staaten, die ich vorher nannte. Zweck war derselbe: Kautschuk, Elfenbein, Metalle, Diamanten u.s.w.

Deutschland hat ja erst sehr spät Kolonien erworben und wenn nun heute immer wieder den Staaten die schon früher kolonisiert haben, von hier Vorwürfe gemacht werden, über die Methoden der Kolonisierung, dann müssen wir die Frage stellen, hat Deutschland das Recht dazu? Deutsche Kolonien waren in Afrika, Togo, Kamerun, Deutsch–Südwest und Afrika Ost.[18] Aus den Reichstagsreden über Kolonialfragen vor dem Kriege ist vieles bekannt geworden, was auch kein schönes Licht auf die Methode des Kolonisierens wirft.

Genannt wurde viel seinerzeit der Gouverneur Peters.[19] Im Reichstage

16. Der britische Feldmarschall Horatio Herbert Kitchener (1850–1916) eroberte von 1896–1898 als Oberbefehlshaber der britischen Truppen in Ägypten den Sudan, zeichnete sich anschließend im Burenkrieg 1899–1902, wo er zunächst als Generalstabschef, dann als Kommandeur der britischen Truppen fungierte, durch besondere Rücksichtslosigkeit aus und hatte von 1902–1909 den Oberbefehl über die britischen Truppen in Indien inne.

17. Kitra: Bedeutung nicht ermittelbar

18. Außer den hier aufgezählten afrikanischen Kolonien gehörten noch Tsingtau in China, Teile von Neuguinea und Samoa sowie die Karolinen, Marianen, Marshall– und Palau–Inseln zu den deutschen kolonialen Besitzungen.

19. Der deutsche Kolonialpolitiker Carl Peters (1856–1918), Gründer der „Gesellschaft für deutsche Kolonisation", hatte 1884 große Teile des späteren Deutsch–Ostafrika erworben und war anschließend zum Reichskommissar für die ostafrikanischen Gebiete ernannt worden. 1897 wurde Peters wegen brutalster Behandlung gegenüber den Eingeborenen entlassen.

wurde damals der Namen Hängepeters für ihn geprägt. Mir sind die Dinge sehr gut bekannt, weil seinerzeit ein Augenzeuge hier in Borbeck war, der mit den Dingen sehr gut bekannt war. Peters wurde ja damals von seinem Posten abberufen. Auf Einzelheiten einzugehen erübrigt sich. Einer Persönlichkeit müssen wir noch gedenken, dem Bekämpfer des Hereroaufstandes, General von Trotha. Wer damals schon die Dinge miterlebt hat, darf sicher wahr beurteilt werden. Wir hatten 1914–15 während des Krieges in unserer Comp. einen Kameraden (Paul Kalpik), der den Hereroaufstand [20], also den Feldzug mitgemacht hatte. Er hat mir die einzelnen Kämpfe oft geschildert und sagte auch, daß der Herero ein zäher Gegner gewesen und ihnen viel zu schaffen gemacht habe. Aber sie hätten es doch geschafft. Man hätte die Hereros zuletzt in die Wüste getrieben und da sie sich nicht ergaben, wurden die Wasserlöcher besetzt und es wären sehr, sehr viele verdurstet und auch verhungert. Und das geschah im 20. Jahrhundert.

Soll ich noch die Kämpfe anführen, zwischen Franken und Sachsen, in Pomerellen gegen Wenden und Polen u.s.w.? Nein, es ist genug, Wie wäre die Methode gewesen, wenn Deutschland in der Lage gewesen wäre, im 17. und 18. Jahrhundert und auch noch in der Frühzeit des 19. Jahrhunderts zu kolonisieren? Denke man an die Bauerkriege wie grausam dort gehandelt wurde. Allen Staaten gebührt dann derselbe Vorwurf. Die Kolonisierung der anderen Erdteile ist eben mit Blut geschrieben. Hier gilt leider nur das Recht der Stärkeren. Unterwerfung oder Untergang.

Und wenn wir die Erfolge sehen Amerika, Vernichtung der Roten. In der Südsee, Aussterben der Insulaner, Australien Vernichtung, Afrika zum Teil dasselbe. Überall dort, wo sich die Eingeborenen nicht schnell genug assimilieren können, folgt die Vernichtung durch Krankheit oder sonstige Plagen, die ihnen die Europäer bringen. Und noch eins, was gar nicht weit zurück liegt. Ist es nicht gleich mit welchen Mitteln man Vernichtung bringt? Im 18. Jahrhundert mit Vorderlader, Pfeil und Messer, oder im 20. Jahrhundert mit den besten Geschützen, Maschinengewehren, Tanks[21],

20. Die Herero, ein Bantustamm im Gebiet der deutschen Kolonie Südwestafrika – des heutigen Namibia –, hatten sich 1904–1908 in mehreren Aufständen gegen die deutschen Besatzer erhoben, die allesamt blutig niedergeschlagen wurden. Das brutale Vorgehen gegen die Herero wurde von der SPD und dem Zentrum im Reichstag kritisiert, der im Dezember 1906 aufgelöst wurde, da er die Zustimmung zu den für die Niederschlagung des Aufstandes notwendigen Militärkrediten verweigert hatte. Die für Januar 1907 angesetzten Neuwahlen standen als „Hottentottenwahlen" ganz unter dem Eindruck der Ereignisse in Südwestafrika.
21. Tanks = Vor allem im ersten Weltkrieg übliche Bezeichnung für Panzerkampfwagen.

Flugzeugen mit Gas und Sprengbomben. Ja, wo geschieht das denn heute noch? Abessinien ist ja noch kein Jahrhundert vorbei und die Nation macht heute anderen einen Vorwurf.

So sieht das Kolonisieren aus, und solange die Gewalt gepredigt wird, wird es auch nicht anders werden. Das humanistische Zeitalter ist gewesen, oder nicht gewesen und heute denkt man nicht mal im eigenen Land an humanistische Behandlung seiner eigenen Volksgenossen, wie wenigstens derjenigen, die anders denken, viel weniger noch an die, die fremd sind. Wenn die Eroberer sich nicht mit fremden Blut vermischen sollen (Rassengesetze, Italien, Deutschland) dann bleibt den Eingeborenen schließlich nichts anderes übrig als sich abzusondern oder auszusterben. Wer weiß wie die Dinge enden? Wehe dem, der anderen wehe tut! Vielleicht wird diesen Völkern, wenn auch spät, ein Rächer erstehen. Hoffentlich kommt doch einmal die Zeit, wo das Wort Geltung bekommt:

Ein gleiches Recht für alles was Menschenantlitz trägt: für alle Völker und alle Rassen!

20.4.39

Ein denkwürdiger Tag wird es bei vielen Menschen heißen: Hitlers Geburtstag. Hitler wird 50 Jahre alt. Wenn man sich in die vergangene Zeit zurück versetzt, bis vor dem Kriege, dann muß man sich wundern, daß es in all dieser Zeit keine Menschen gegeben hat, die sich derartig beweihräuchern haben lassen.

Früher an Kaisersgeburtstag gab es ja auch die üblichen Paraden, bei den Regimentern, auch bei den Kriegervereinen (aber meistens wurden sie, wie auch die Feiern, auf den Sonntag verlegt, bei den meisten Vereinen). Die obligaten Schulfeiern u.s.w. Aber keinem ist es eingefallen, aus diesem Tag einen nationalen Feiertag zu machen.

Die Kaiser– oder Königstradition ist ja schon Jahrhunderte alt, aber trotzdem hat man das Wirtschaftsleben darum nicht gestört. Auch im letzten Jahrzehnt hat man die Geburtstage der Präsidenten nicht so gefeiert, selbst die eines Feldmarschalls Hindenburg nicht. Ein Ebert[22] hätte sich das bestimmt verbeten. Ja, das sind auch andere Menschen gewesen, die haben auch nichts vollbracht. Hat je einer solche Taten vollbracht wie Hitler? Glück muß der Mensch haben.

22. Friedrich Ebert (1871–1925), nach dem Tode August Bebels 1913 Parteivorsitzender der SPD, war von 1919–1925 erster Reichspräsident der Weimarer Republik.

Aber wie kann man den Nationalfeiertag rechtfertigen vom Vierjahresplan aus betrachtet? Den Bergarbeitern hängt man 3/4 Stunde an die Schicht an, weil die Produktion gefördert werden muß, die Leistung muß mit aller Gewalt gesteigert werden, heißt es und hier läßt man 20 – 30 Millionen Arbeitsschichten ausfallen um nach außen hin groß zu erscheinen, um den Geburtstag eines Mannes zu feiern, wenn dieser Mensch auch noch so groß ist. Das begreife wer kann.

Es ist ja ganz schön, daß der Arbeiter den Tag bezahlt bekommt, aber wo bleiben die volkswirtschaftlichen Belange? Wenn man die bezahlten Tage zählt, dann sind es 5 Tage im Jahr, die ohne Leistung bezahlt müssen werden, also zirka 130 Millionen Arbeitstage. Wenn man nun einen Durchschnittsbetrag für den Tag von 5 M. rechnet, dann ergibt sich eine Summe von 650 Millionen Mark. Wenn nun noch alle anderen Umstände gerechnet werden, die auch Geld kosten und die auch aus der Wirtschaft herausgeholt werden müssen, kann man in diesem Jahr auf zirka eine Milliarde rechnen. Vergleicht man dagegen die Löhne, nicht allein die, sondern die Preise, dann fragt man sich, ob das volkswirtschaftlich gehandelt ist. Muß der Unternehmer Riesensummen verdienen, um in einem Jahre eine Milliarde ausgeben zu können, wofür er keine Gegenleistung bekommt.

Man kann es ganz gut begreifen, wenn man die Bilanzen der einzelnen Konzerne und Aktiengesellschaften verfolgt. Die Bilanz für die Öffentlichkeit ist günstig. Noch günstiger werden die sein, die nicht für die Öffentlichkeit bestimmt sind. Der einfache Mensch begreift es nicht. Er glaubt immer noch wunders welche Vorteile ihm da erwachsen sind und weiß nicht, daß ihm das Fell schon längst über die Ohren gezogen ist. Alles schon dagewesen, sagt der weise Ben Akiba. Alles fließt, sagt der Philosoph. Auch das Leben fließt weiter.

25.4.39

Die schönen Tage von Aranjuez, sind vorüber, könnte man bald sagen (wie Schiller in seinem Don Carlos). Ostern und die folgenden Tage, das herrlichste Frühlingswetter und jetzt der rauhe Ost läßt alles Wachstum stocken. Es ist gerade, als ob auch die Natur andere Wege beschreiten wollte. Sonst um diese Zeit konnte schon mal der Spruch des Dichters gelten, der da sagt:

Es blüht das weite, weite Tal,
das Blühen will nicht enden;
Nun, armes Herz, vergiß die Qual
Es muß sich alles, alles wenden!

Ja wenn wir auch so sagen könnten. Wenn wir auch sagen könnten: dann ist unser Hoffen mit Erfolg gekrönt, dann geht unser Wunsch in Erfüllung. Ach wir sind ja nicht die einzigen die solches Leid tragen, nein, tausende, hunderttausende ja Millionen tragen solches Leid. Und keine Menschen sind es, denen man gemeine Verbrechen nachsagen kann, nein, nur solche die früher eine andere politische Anschauung hatten. Und dafür werden sie jahrelang hinter Stacheldraht gehalten. Wenn man alle die Kriegsbücher liest, die über Kriegsgefangenenlager geschrieben sind, dann sollten diese Schriftsteller auch mal über die Gefangenenlager schreiben, in denen man die eigenen Volksgenossen einsperrt, ja sie vielleicht quält und schikaniert. Ob die Menschen die solches veranlassen, kein Gewissen haben? Und dabei triefen sie von Liebe für das Volk über. Man möchte eigentlich dieses Handlungsweise mit politischem Sadismus bezeichnen. Ein anderes Wort findet man wohl nicht dafür. Man will doch wohl nicht behaupten, daß der Staat von diesen Menschen gefährdet werden könnte. Entweder sind es so viele, viel mehr, als man wahrhaben will, oder obrige Darstellung ist richtig.

So geht man von einem Frühling in den anderen und so wartet man und wartet und wartet vergebens. Das eigenartige ist dabei noch, sobald im Ausland einem Deutschen ein Finger gekrümmt wird, dann geht ein Rauschen durch den Blätterwald und geschimpft wird wie ein Rohrspatz, aber seinen Volksgenossen gegenüber ist man unerbittlich. Und eins fällt hier ganz besonders auf. Diese Methode macht auch in anderen autoritären Staaten Schule. Ob das die Signatur des neuen Volkstums ist? Dann wehe wenn mal alle Leidenschaften losgelassen werden.

Christentum, Humanismus, Sozialismus, es ist ja heute nur noch zum Schlagwort geworden. Christentum nur Schein. Barbarismus statt Humanismus. Das Wort Sozialismus stahl man, um die Masse zu ködern. Aber einmal wird doch wieder das Gute nach oben kommen. Bald kommt der Mai wieder und denken wir immer an den Dichtervers:

„Geduld es kommt ein heil'ger Mai
die Fessel springt und du bist frei.
Und du bist frei!"

27.4.39

Vor einigen Wochen wurde in der Zeitung ein Gesetz über den neuen Finanzplan des Dritten Reiches veröffentlicht. Die Finanzen sollen nicht mehr wie bisher durch Reichsanleihen gedeckt werden, sondern man will Steuergutscheine herausgeben, die bis zum Jahre 1945 Gültigkeit haben. Heute nun kam die Verordnung über die Durchführung des Finanzplanes und der neuen Mehreinkommensteuer heraus. Wenn man sich die Verordnung aufmerksam durchliest, dann kommt man zu der Auffassung, daß etwas ganz anderes gespielt wird, als das geflügelte Wort: Gemeinnutz geht vor Eigennutz. Hier zeigt sich, wie dem großen Unternehmer wieder Steuervergünstigungen und Gewinnmöglichkeiten zugeschanzt werden, die alles andere als volkswirtschaftlich sind. Zweck der Übung ist ja, sich für Jahre hinaus Geld zu verschaffen um den Finanzbedarf zu decken und da der arme Teufel natürlich keins hat, muß man sich dahin wenden, wo welches zu finden ist. Aber diese Kreise geben ihr Geld nicht aus der Hand, wenn ihnen dafür nicht außerordentliche Vorteile geboten werden. Wenn nun ein Unternehmer oder Konzern bei 300 000 RM Steuergutscheinen bis 1942 also in 3 Jahren eine Summe von 225 000 RM verdienen kann, dann macht er ein glänzendes Geschäft und warum sollte er das Geschäft nicht mitnehmen. Das andere kann man ja aus der großen Masse herausquetschen.

Warum, wenn man Bedarf an Geld hat, führt man nicht die progressive Einkommensteuer durch? Warum erhöht man nicht die Luxussteuer? Ja, dann geht es den großen an den Geldbeutel und dann wehren die sich und zahlen nicht mehr für Jahre hinaus.

Man sieht, die Pumpwirtschaft[23] geht weiter. Es ist doch ganz gleich ob Anleihen oder Steuergutschein, auf Jahre hinaus, es ist und bleibt Pumpwirtschaft. Wie nun, wenn es eines guten Tages nicht mehr weitergeht, der Laden zugemacht wird und ein anderer Leiter kommt, dann ist das Geld futschikato.

Warum nimmt man nicht mal eine Vermögensabgabe vor, bis zu einem gewissen Prozentsatz? Es hat sich eben an der kapitalistischen Gesellschaftsform nichts geändert. Wie diese Nationalsozialisten es doch verstehen, der vorherrschenden Schicht Konzessionen zu machen. So las ich gestern in der Zeitung über Steuermaßnahmen in Spanien. Die Republik hatte nach dem Sturz von Primo de Rivera[24] die Steuervergünstigungen der sogenannten toten Hand seinerzeit aufgehoben. Mit Recht! Warum sollten diese Vergünstigungen haben. General Franco führte diese wieder ein. Die Kirchen, Pfarrhäuser und deren Liegenschaften sind von der Grund–, Gebäude– und Vermögenssteuer vollkommen befreit und auch noch viele andere Vergünstigungen werden der katholischen Kirche

23. Insbesondere durch die inflationär finanzierte Aufrüstung hatte sich die Schuldenlast des Reiches von 1933–1938 mehr als verdreifacht. Reichsbankpräsident Hjalmar Schacht erklärte daher am 20.1.1939 seinen Rücktritt.

24. Miguel Primo de Rivera (1870–1930), von 1923–1930 spanischer Militärdiktator, 1930 vom spanischen König auf den Druck der Öffentlichkeit entlassen.

gewährt. Ob der Spanier nicht bald darüber nachdenken wird?

Aber wie ist es denn nun mit den beiden Bundesgenossen. Hier werden die Katholiken ziemlich von allem ausgeschlossen und alle Rechte werden ihnen genommen, oder doch wenigstens die Sonderrechte, und dort die großen Vergünstigungen. Wie reimt sich das zusammen? Hier braucht man sich nicht auf die Katholiken zu stützen, weil sie in der Minderheit sind, aber dort sind sie in der Mehrheit, ja sogar in einer übergroßen und deshalb die Vergünstigungen. Ja Ja! Der jesuitische Grundsatz: „Der Zweck heiligt die Mittel", hat nicht nur bei den Jesuiten allein Anwendung gefunden, sondern auch diese von Gerechtigkeit triefenden Heroen haben sich diesen Grundsatz zu eigen gemacht.

Blute nur du armes Volk, wenn du hier auf Erden nichts hast, wirst du es dereinst dort oben um so besser haben. Ich habe hier nur den Gegensatz der Auffassung zwischen den beiden Staaten feststellen wollen, um zu zeigen, wie man in dem einen und anderen Staate handelt, um sich die Masse gefügig zu machen. Sie handeln einerseits nach dem Grundsatz (Non olet) Geld stinkt nicht, andererseits streben sie nur nach der Herrschaft, angeblich um das Volk glücklich zu machen, vielleicht auch in gutem Glauben. Sie meinen zu schieben und werden geschoben, sie glauben zu herrschen und werden beherrscht und das Schlimmste ist dabei immer: der Ärmste der Armen trägt die Kosten.

29.4.1939

Gestern hatte Deutschland nach Auffassung der Nationalsozialisten einen großen Tag erster Ordnung. Die Ursache war folgende: Am 15. April übersandte der Präsident der Vereinigten Staaten Nordamerikas an Hitler eine Depesche, die sich damit beschäftigte, Verhandlungen anzubahnen, die der Erhaltung des Friedens dienen sollen. In dieser Depesche war nun angeregt, Deutschland solle eine Erklärung abgeben, daß es in folgende Länder (es sind eine ganze Anzahl aufgeführt) nicht einmarschieren und deren Unabhängigkeit garantieren solle. Ob die Depesche ernsten Charakter trug, d.h. das vorgegebene Ziel ernsthaft erstrebte, oder ob es nur ein taktisches Manöver sein soll, kann man eigentlich heute noch nicht beurteilen, das muß der Zukunft und der Entwicklung der Dinge vorbehalten bleiben. Gestern war nun der Reichstag zusammenberufen und vor diesem Forum gab Hitler die deutsche Antwort auf die Depesche des Präsidenten Rosevelt [sic!].

Wenn man die Rede Hitlers liest oder gehört hat, kann man sich des Eindrucks nicht erwehren, daß er in manchen Teilen Recht hat. Der Friedensvertrag war ein Vertrag, der auf die Dauer nicht bestehen konnte. Aber eins ist verfehlt, daß man die heutigen Staatsmänner dafür alle verantwortlich machen will. Wenn Hitler sagt, wir waren nicht besiegt 1918, sondern wir haben im Vertrauen auf die 14 Punkte Wilsons[25] die Waffen niedergelegt, dann muß man dieses doch als übertrieben bezeichnen. Wir waren besiegt, müssen wir zugeben, ob wir wollen oder nicht. Es wäre unmöglich gewesen, dem Gegner wegen Überlegenheit an Material noch länger Stand zu halten; ferner war unser Menschenmaterial erschöpft und was vor allem ausschlaggebend war, das war der außerordentliche Mangel an Lebensmitteln. Bei dieser Ernährung wäre das deutsche Volk nicht mehr lange fähig gewesen seine Arbeitskraft zu erhalten und auch die Kampfkraft an den Fronten zu erhalten. Das sind die eigentlichen Ursachen unserer Niederlage und wenn man das auch zugibt, dann wird man dem deutschen Heere und auch dem ganzen deutschen Volke nicht absprechen können, welche ungeheuren Leistungen sie in den 4 Jahren vollbracht haben, Leistungen die fast beispiellos in der Geschichte dastehen.

Die Pflichten die uns im Friedensvertrag auferlegt wurden, waren außergewöhnlich hart, aber die Geschichte lehrt uns, daß die Sieger selten Mitleid mit den Besiegten haben. Und wäre der Krieg anders gelaufen, hätten umgekehrt die Mittelmächte[26] einen vollständigen Sieg errungen, so daß sie den Frieden diktieren konnten, wie würde dann die Karte Europas ausgesehen haben? Während des Krieges ist ja oft genug über die Kriegsziele geschrieben worden, als man glaubte, den Sieg schon in der Tasche zu haben. Wenn man von diesem Gesichtspunkt die Dinge beurteilt, dann erscheinen die Dinge etwas anders. In seiner Rede hat Hitler die Flottenabkommen mit England, die Verträge mit Polen als aufgehoben erklärt, die Memorandums [sic!] sind schon überreicht und nun wird das Wettrüsten zur See lustig weitergehen. Ja man wird sich möglichst zu überbieten versuchen.

Es wäre nutzlos, die Rede Hitlers zerpflücken zu wollen, auch wäre es nutzlos zu sagen, er nimmt nicht ernst was er sagt, ebenfalls wäre es nutzlos zu sagen, Rosevelt [sic!] meint es nicht ehrlich, da alles hieße Eulen nach Athen tragen. Es handelt sich hier darum: Führt die neue Bündnispolitik der

25. Die sogenannten „Vierzehn Punkte" des amerikanischen Präsidenten Wilson, veröffentlicht am 8.1.1918, sollten als Grundlage einer Friedensordnung nach dem 1. Weltkrieg dienen. (Wichtigste Bestimmungen: Räumung aller von Deutschland und Österreich–Ungarn besetzten Gebiete, Rückgabe Elsaß–Lothringens an Frankreich, autonome Entwicklung der Völker Österreich–Ungarns und des Osmanischen Reiches, unabhängiger polnischer Staat, Gründung eines Völkerbundes) Auf der Basis der vierzehn Punkte wurde der Waffenstillstand vom 11.11.1918 abgeschlossen.

26. Als Mittelmächte wurden im 1. Weltkrieg aufgrund ihrer Mittellage in Europa das Deutsche Reich und Österreich–Ungarn bezeichnet.

Staaten zum Kriege, oder erhält sie den Frieden, oder war der bestehende Völkerbund[27] ein größerer Garant des Friedens? Wenn alle Großmächte den Völkerbund gestützt hätten, dann wäre er ein wirklicher Garant gewesen.

Japan trat aus dem Völkerbund aus, weil die Ziele des Völkerbundes sich mit seinem Eroberungsziel in China nicht deckten. Italien trennte sich von ihm, als man seinem Eroberungsdrang in Abessinien hemmend entgegentrat. Deutschland weil man ihm nicht gerecht werden wollte und wenn im Laufe der Jahre noch mehr Staaten ausgetreten sind, so hat die Ursache zumeist in den Sonderbestrebungen der betreffenden Großmächte gelegen und hier ist es bezeichnend, daß gerade die autoritären Staaten es gewesen sind, die dem Bund den Rücken kehrten. Kann es überhaupt einen Bund geben, in dem die Aufgaben gelöst werden können, die für die Welt so dringend wird wie nur etwas, wenn man mit übernationalem Sinn in einen solchen Bund geht. Nein, solange man den Nationalismus über die Menschheit stellt, wird das unmöglich sein.

So hat man sich abgewandt von der Völkerbundspolitik und sich den Sonderbündnissen zugewendet, rüstet und befestigt sich um der Stärkere zu werden, genau wie vor 1914. Und das Ende wird der Krieg sein.

Und nun taucht die Frage auf, hat einer Nutzen durch einen Krieg, der zum Weltkrieg ausartet? Bei genauer Überlegung muß das verneint werden. Legt schon das übermäßige Rüsten den Völkern außerordentliche Opfer auf, so wird der Krieg derartige Opfer fordern, daß die Völker, die den Krieg nach 1918 noch nicht überwunden haben, bis zum Weißbluten ausgesogen und vollständig verarmen werden.

Der eine Staat oder Staatsmann sagt: Roma aeterna, der andere: Deutschland über alles, der dritte: England forever, der vierte: Grande Nation, und so hat jeder seinen Wahlspruch der zeigt, wohin die Reise geht und wievieles noch zu überwinden ist, anstatt den Begriff Nation den der Menschheit zu setzen.

27. Auf maßgebliche Initiative des amerikanischen Präsidenten Wilson wurde der Völkerbund 1919 als internationale Staatenorganisation geschaffen, die den Grundstein für eine universale Friedensordnung auf der Grundlage des Rechtes und des friedlichen Ausgleichs der Völker legen sollte. Der Völkerbund, zunächst ein Bund der Siegerstaaten des 1. Weltkrieges (das Deutsche Reicch trat dem Völkerbund erst 1926, die UDSSR erst 1934, die USA gar nicht bei), mußte nicht nur dem Ausbruch und dem Verlauf des 2. Weltkrieges ohnmächtig zuschauen, sondern war bereits vorher außerstande gewesen, den internationalen Frieden und die territoriale Integrität der Mitgliedstaaten zu gewährleisten, da weder der japanischen Expansion gegen China ab 1931, dem italienischen Einmarsch in Abessinien 1935/36 oder der Zerschlagung der Tschechoslowakei 1938/39 wirksam entgegengetreten werden konnte. Der Völkerbund wurde nach Konstituierung der UNO 1946 aufgelöst.

Hitler sprach auch in seiner Rede, als er die Slowakei erwähnte, von Rassenstolz und Rassengegensätze, von Volkstum und Erhaltung der Volkstümlichkeit. Warum hat man den tschechischen Staat nicht bestehen lassen, wenn man die Tschechen schon als Rasse ansieht? Von der heutigen Rasselehre wird der Begriff Rasse viel zu eng gefaßt. Gibt es denn heute noch eine rein germanische, eine rein slawische oder eine rein romanische Rasse. Gewiß ist der Südfranzose anders wie der nördliche oder die nördlichen Völker, gewiß prägt sich in den Slovenen etwas mehr das östliche Element aus, aber Kaukasier sind sie doch wohl alle.

Warum nur immer die Gegensätze vertiefen? Wäre es nicht besser zu versuchen hier auszugleichen, zu vermischen, um so ein Hemmnis der Versöhnung hinwegschaffen zu können. Wenn man hier die Gegensätze nicht wegräumen will, wie wird es dann jenen ergehen, die wirklich einer anderen Rasse angehören? Dann haben diese überhaupt kein Recht zum Leben, dann sollen sie also nur Ausbeutungsobjekt sein. Solange wie es Völker gibt die sich als die beste und auserwählte Rasse, gegenüber den anderen betrachten, solange wird es auch andere geben, die sich dagegen auflehnen. In den vergangenen Jahrzehnten war das Rasseproblem in den Hintergrund getreten, erst die neuen Staatsführungen haben es wieder zu einem Hauptproblem gemacht.

Haben nun die Siegerstaaten von 1918 keine Schuld an dieser Entwicklung oder daran, daß sie diesen Weg ging? Ja, ein außerordentlich großes Maß! Hätten sie die Unterlegenen anders behandelt, ihnen Erleichterung gebracht, versucht, die Dinge wirtschaftlich zu meistern, vielleicht wäre heute die Gefahr eines Krieges nicht so groß. Aber gehörte Italien nicht zu den Siegerstaaten? Ja, aber Italien würde heute nicht die Macht besitzen, wenn es nicht Deutschland als Rückendeckung hätte.

So zieht eines das andere nach sich. Hier kann man mit dem Dichter sagen: „Das ist ja eben der Fluch der bösen Tat, daß sie fortlaufend Böses muß gebären."

E. Borbeck den 3.5.39

Maigedanken

Wiederum wurde Montag der erste Mai gefeiert. Schon am Samstag und Sonntag, den 29. und 30. April sah man wie viele schon gefeiert hatten, denn man konnte bemerken, daß sich schon viele Arbeiter in Alkoholstimmung befanden. Am 1. Mai aber trat dieses noch viel mehr in Erscheinung. Abends sah und hörte man nicht nur die Alkoholstimmung alleine, sondern die Stimmung war schon stark in Trunkenheit ausgeartet. Kann es denn anders sein? Die Unternehmer teilen Biermarken aus, damit die Arbeiter trinken und die Wirte verdienen. Ob die Arbeiter denn eigentlich das erniedrigende dieses Vorgangs fühlen? Kameradschaftsabende, ja einverstanden, aber gehören denn nicht die Biermarken dazu. Muß dem Arbeiter denn sein Vergnügen auch kommandiert werden. Biermarken müssen her, sonst könnte der Arbeiter doch vielleicht auf das zweifelhafte Vergnügen verzichten. Ob man dem Maigedanken durch diese Handlungsweise Auftrieb verschafft, muß man doch stark bezweifeln.

Mai! Herrlicher Mai!

Wenn Feld und Flur, wenn Busch und Baum, wenn Wald und Wiese wieder in frischem farbigen, dem Auge wohltuendem Grün prangen, dann wissen wir, nicht nur wir Menschen, nein, jede Kreatur, der Frühling ist da. Alles atmet auf nach der langen Zeit des Winters. Bietet der Winter dem jungen Menschen auch manche Freude, so ist aber doch der Frühling immer die schönste Zeit des Jahres. Die Natur erneuert sich, die Vögel singen ihr Lied, alles freut sich des erwachenden Lebnes. Horch! Wie die Lerche trillert, im Ätherblau der Luft. Die Amsel, die Drossel, der Fink, alle streben sie der Natur entgegen, sie suchen und umwerben das Weibchen mit Girren und Zwitschern. Bald schluchzt die Königin der Sänger, die holde Nachtigall in der Nacht ihr wundersüßes Liedchen. Wie sagt doch der Dichter:

„Es hat die liebe Nachtigall
die ganze Nacht gesungen,
da sind von ihrem süßen Schall
von ihrem Hall und Widerhall,
die Knospen aufgesprungen.“

Weil der Mai so schön ist, haben viele Dichter ihn besungen und gefeiert.

Schon die alten germanischen Völker feierten den Frühling durch die Sonnenwendfeiern und der Maibaum ist schon ein altes Symbol dieses Gedankens. Die Feier des 1. Mai war immer der Ausdruck des Freiheitsgedankens. Bei den alten Völkern die Befreiung vom langen Winter, die Befreiung von Frost und Kälte aber auch die Befreiung von den Nöten, die durch Nahrungsmangel vielleicht herbei geführt waren. Brachte der Winter viele Plagen mit, so wurden diese durch den Frühling vertrieben. So hat sich im Laufe der Zeit, der Gedanke auch auf andere Gebiete übertragen; aber immer bedeutete die Feier des Mai irgend ein Verlangen, sich aus Knechtschaftsbanden zu befreien. So zieht sich der Gedanke durch das Mittelalter, so zieht sich der Gedanke durch die Jahre des 19. Jahrhunderts. Wer kennt nicht die Zeit nach den Freiheitskriegen, wo die Reaktion am Werke war, wer nicht die Zeit der 40er Jahre und findet immer wieder die Freiheitsbestrebungen durch diese Feiern ausgedrückt.

Einen noch viel ausgeprägteren Charakter des Freiheitsgedankens bekam später diese Idee. Auf dem Kongreß 1890 erhoben die Gewerkschaften, den 1. Mai zu ihren Feiertag. Maßlos bedrückt vom Unternehmer, sehnten sich die Arbeiter nach Freiheit und Menschenrechte und diese Forderungen wurden durch Maiumzüge den Machthabern und Unternehmern demonstriert. Welche Forderungen waren das nun? Achtstundentag, Lohnforderungen, Forderungen von mehr Freiheit, freies Koalitionsrecht und Versammlungsfreiheit. Forderungen gewerkschaftlicher und politischer Natur, aber alle gipfelten in dem Gedanken: mehr Freiheit! Gleiches Recht!

Wer kennt nicht den Vers des Dichters: Ein gleiches Recht für alles was Menschenantlitz trägt. War dieser Gedanke nicht erhaben? Für die Befreiung der Menschheit von der Knechtschaft zu demonstrieren. Wer in jenen Jahren von 1890 – 1933 die Maifeiern mitgemacht hat, wird sich nicht noch freudig daran erinnern? Freudig leuchteten die Augen, kühn und stolz waren die Haltung. Polizei, Staatsgewalt und Unternehmertum suchten sie zu unterdrücken. Trotz alledem immer mehr wurde die Maifeier zum Symbol. Das waren noch Maifeiern. Nahm doch jeder eine gewisse Gefahr auf sich, einmal durch Unangenehmigkeiten im Arbeitsverhältnis und zum anderen durch Schikanen der Polizei und auch der Religionsgemeinschaften taten ihr Bestes; aber trotzdem wurden die Feiern von Jahr zu Jahr stärker.

Nun aber heute. Wenn man heute den 1. Mai, als den Tag der Arbeit feiert, dann mutet einem das an, als wenn man aus schwarz weiß machen wollte. Sind denn die Errungenschaften der Arbeiter so groß, daß sie ein Fest der Arbeit feiern können? Sind ihre Wünsche restlos erfüllt? Haben sie soviel Freiheit, daß sie sich nicht mehr danach sehnen brauchen? Nein, man hat den 1. Mai zu einer Farce gemacht. Man bezahlt den 1. Mai mit Geld. Man kauft dem Arbeiter den Freiheitsgedanken mit Geld ab. Hat der Arbeiter noch etwas über seine Lohnverhältnisse mitzubestimmen? Hat er über Arbeitsverhältnisse mitzuverhandeln? Nein, er ist nur noch Objekt.

Mag man noch so schön reden wie man will, Tatsache ist, daß der Arbeiter sein bißchen Recht und Freiheit eingebüßt hat. Der Arbeiter hätte heute alle Ursache für seine Freiheit zu demonstrieren und demonstriert, (nein, demonstriert nicht) sondern wird demonstriert für seine Fessel. Früher freiwillig Maifeier, heute Zwang. Kommst du nicht, bekommst du auch keine Schicht. Leider kann sich der einzige, mag er noch so edel und frei denken, diesem Zwang [nicht] entziehen.

Glaubt denn wirklich einer, daß es eine Harmonie zwischen Kapital und Arbeit geben kann, wenn die Arbeiter keine Rechte haben, Rechte, die ihrem Gedanken und Wollen entsprungen sind. Harmonie kann nur da bestehen und vorhanden sein, wo beide Partner ihre Rechte und Pflichten in gleichem Maße durch Verhandlungen von einem zum anderen erworben haben. Manche Unternehmer triefen heute von Wohlwollen und die Führer der Arbeiter noch mehr, aber bitte Arbeiter, du mußt mit allem zufrieden sein und darfst ja nicht gegen den Stachel löcken. 3/4 Stunden Schichtzeit mehr und 1. Mai. Erscheint dies nicht wie eine Paraphrase? Sie haben den 1. Mai zu einem Plagiat übelster Sorte gemacht. Einmal Freiheitsidee, jetzt Verbrüderung der Arbeit. Wer lacht da?

Doch die Freiheit kann für eine Zeit verschwinden, aber der Gedanke daran nie!

Du Muttererde, ärmster Sohn,
und solltest du verzagen schon.
Wirf ab den unfruchtbaren Schmerz,
und hab auch du ein Feuerherz.
Mit Blüten schmücke sich der Mai
die Erde macht sich blühend frei,
Geduld bald kommt ein heilger Mai.
Die Fessel springt und du bist frei
„Und du bist frei!"

10.5.1939

Wiederum sind einige Tage vergangen, seit ich die letzten Zeilen eintrug und wieder haben sich Ereignisse abgespielt, die nicht nur mir, sondern der Welt zu denken geben.

Auf das Bündnis Polen mit England und Frankreich, das jetzt abgeschlossen wurde, erfolgte die Kündigung oder vielmehr die Aufhebung des Paktes Deutschland-Polen seitens Deutschlands und gleichzeitig die Aufhebung des Flottenabkommens mit England. Jetzt hat Deutschland mit Italien ein Militärbündnis abgeschlossen und somit das Verhältnis mit Italien noch mehr und stärker befestigt. [28]

Beide Staaten bemühen sich, mit den Balkanstaaten ein Freundschaftsverhältnis herbeizuführen. England, Frankreich und Polen versuchen das gleiche und haben auch alle Ursache dazu, denn es wird in Polen schon

28. Die englisch-französische Garantieerklärung für Polen am 31.3.1939 und die Einführung der allgemeinen Wehrpflicht in Großbritannien am 26.4.1939 zum Vorwand nehmend, hatte Hitler in einer Reichstagsrede vom 28.4.1939 das deutsch-britische Flottenabkommen von 1935 und den deutsch-polnischen Nichtangriffspakt von 1934 aufgekündigt.
Am 22. Mai 1939 wurde der sogenannte „Stahlpakt", ein bedingungsloses militärisches Beistandsversprechen, zwischen Deutschland und Italien in Berlin abgeschlossen.

dasselbe Manöver versucht wie in der Tschechoslowakei.[29] Man schreit über Terror und provoziert diesen durch alle möglichen Machinationen herbei, um wieder mal eingreifen zu können. Polen ist aber kein Staat von 7–10, sondern ein Staat mit 40–45 Millionen Einwohnern. Es kommt nun darauf an, wer auf dem Balkan einer dem andern den Rang abläuft. Ob die Achse Rom–Berlin, oder die anderen.

Ferner hängt viel davon ab, wie die Verhandlungen die England mit Rußland führt, auslaufen. Wenn man die Dinge aufmerksam verfolgt, sieht man immer wieder, hier ein Teil von Staaten, die sich gegen die anderen zusammenschließen. Genau wie vor 1914. Nur das Italien jetzt an der Seite Deutschlands steht, Italien, unter einem Regierungschef, der im Weltkrieg gegen Deutschland in den Krieg hetzte. Ob man einem solchen Partner sich auf Treu und Glauben anvertrauen kann, das ist eine Frage, die nur durch die Ereignisse, die die Zukunft bringt, beantwortet wird.

Ganz gleich wie sich die Dinge entwickeln, jedenfalls werden sie nichts Gutes bringen. Bringen sie den Krieg, so wird ein ungeheures Chaos über Europa hereinbrechen. Wird der Krieg vermieden, so werden die Völker durch die ewigen Rüstungen ausgepreßt. Ein Lichtblick in diesem künstlich herbeigeführten Streit der Rassen und Nationen ist nirgends zu sehen. Und wer trägt nun die Schuld daran? Wollen die Völker das? Ich glaube nicht! Man sagt und schreibt, nur große Führer hätten die Völker vorwärtsgebracht, nur unter Führung von großen Führern wären die Völker zu Wohlstand gelangt. Eins vergißt man nur immer, daß gerade die großen Führer die meisten Kriege geführt haben und daß Kriege Geld kosten, Opfer an Blut und Menschen, ist doch wohl jedem bekannt. Nehmen wir Sulla, den Diktator Roms. Nachdem er die römische Republik unter Marius besiegt hatte, waren die römischen Verhältnisse (d.h. die wirtschaftlichen) nicht die besten und Sulla trat sehr schnell von der Bildfläche ab. Cäsar war ein sehr großer Feldherr, aber er war auch ein großer Staatsführer auf wirtschaftlichem Gebiet. Sehen wir weiter. Karl der Große. Ein Krieger und Heerführer bester Qualität, aber wurden die Menschen frei und wohlhabend unter seinem Regime? Waren im dreißigjährigen Krieg die Führer der Völker wirkliche Führer? Nein! dann wäre

29. Am 15. März 1939 war der tschechoslowakische Staatspräsident Hacha bei seinem Besuch in Berlin unter Anwendung schwersten psychischen Druckes gezwungen worden, „das Schicksal des tschechischen Volkes und Landes vertrauensvoll in die Hände des Führers des Deutschen Reiches“ zu legen. Am folgenden Tag marschierte die Wehrmacht in die „Rest-Tschechoslowakei“ ein, die als „Protektorat Böhmen und Mähren“ dem Deutschen Reich angegliedert wurde.

Deutschland nicht dreißig Jahre an allen Ecken und Enden verwüstet worden. Friedrich der Große. 7 Jahre Krieg. Wie haben da die Länder gelitten. Napoleon, einer der größten Heerführer aller Zeiten, genialer Staatsmann, aber ist sein Regime den Völkern zum Nutzen geworden. Man könnte so eine Chronik über jeweilige Führer schreiben. Diese Führer werden alle als geniale Männer bezeichnet, aber diejenigen, die durch ihre Genialität die Wirtschaft, den Handel und die Arbeit gefördert haben, die werden nur selten hervorgehoben.

Warum wurden diese Kriege alle entfesselt im Laufe der Zeit. Machthunger und Ländergier. Man kann doch nicht sagen, daß in jenen Zeiten Raummangel bestand, denn es war überall noch anzubauendes Land vorhanden, nur die Raffgier und die Sucht nach großem Besitz war Ursache. Heute ist es ja anders; aber wäre es auch heute nicht möglich, friedlich die Dinge zu lösen? Sicher wenn wir jene Führer hätten in den Ländern, die nur ihr ganzes Augenmerk darauf richteten, die Völker auszusöhnen und nicht nur das allein, auch ihnen Freiheit gäben, über ihr Geschick selbst zu bestimmen.

Europa kann nur gedeihen, wenn seine Völker sich zu einem festen Bund zusammenschließen, wenn ihr Gebiet ein einziges Wirtschaftsgebiet ohne jede Hemmung für Europa besteht. Aber alle diese Fragen sind nicht zu lösen durch den zur Siedehitze gesteigerten Übernationalismus. Ein Staat macht dem anderen den Vorwurf des übertriebenen Chauvinismus und jeder hätte in seinem eigenen Lande genug zu tun, den Chauvinismus zu unterdrücken; aber das Gegenteil findet statt, er wird mit allen Mitteln gefördert. Diese Fragen können nur gelöst werden durch den Sozialismus!

Heut kam wieder ein Brief von Hans! Es ist ja immer dasselbe was er schreibt. Was soll er auch schreiben? Es geht ihm genau wie mir. Was er gern schreiben möchte, darf er nicht schreiben und ich darf es auch nicht. Ob seine Gesundheit so gut ist wie er immer beteuert? Mit der großen Sehnsucht im Herzen nach Freiheit, nach den Eltern, nach den Geschwistern, ja und nach einem eigenen Heim, nach Familienglück, ja kann man bei alle diesem Gram, den man beinahe schon 4 Jahre ertrug, gesund bleiben? Ich kann mich so recht in ihn hineindenken und ich weiß auch, daß es für ihn schlimm ist zu denken, daß wir nicht gesund sind. Meinen wahren Gesundheitszustand darf ich ihm gar nicht schildern, sonst würde er sich noch mehr betrüben. Ach! Wie eine einzige Handlung dem Menschen ein Schicksal auferlegen kann. Mancher wird sagen, er hat es sich selbst auferlegt. Ist es denn wirklich so? Nein! Immer werden im politischen Kampf Opfer gebracht werden müssen. Aber hat es in der Neuzeit ein Regime gegeben, das die Opfer eines politischen Kampfes mit solchem maßlosen Haß behandelte? Noch nicht mal zu Bismarcks Zeiten. Man wies

sie damals auch in die Gefängnisse oder auf Festung wurden sie geschickt; aber Konzentrationslager, in denen man sie Jahre festhielt, ohne Verbrechen oder Vergehen begangen zu haben, kannte man nicht. Das blieb nur einem wirklich großen Führer vorbehalten. Erst schafft man grausame Gesetze, die nur für Kleinigkeiten große Strafen verhängen und wenn die hohen Strafen verbüßt sind, dann entzieht man sie der Familie immer noch und zerstört die Familie. Wenn ich noch 40 Jahre oder mehr leben könnte, nie würde ich den Haß um derwegen schon überwinden. Ob nicht eines Tages die Strafe für diese Brutalität kommen wird.
Ach mein lieber Hans! Vielleicht denkst du jetzt, hätte mein Vater mich doch nicht zum Sozialisten erzogen, dann wäre ich nicht politisch tätig gewesen und mir wäre das nicht passiert. Ich war ja stets stolz auf dich, daß du dich zu einem so guten Sozialisten entwickelt hattest; aber konnte man damals voraussehen, daß die Nachfolger von uns so grausame Naturen waren. Du, sowohl wie wir, haben im Leben nicht viel mehr zu erwarten. Eines nur wünsche ich, dich noch einmal wohlerhalten wiederzusehen. Ob das Schicksal mir diesen Wunsch noch erfüllt, wer weiß es?[30]

Hans! Immer Tag und Nacht wenn ich wache ist mein Gedanke bei dir. Zufrieden würde ich sein, wenn du wieder bei mir wärst, ehe ich meine Augen für immer schlösse. Aber die letzten Tage zwingen mich, das Gegenteil zu glauben.

Hans! Mein lieber Hans! Du vergißt doch deinen Vater nicht. Und wenn du wiederkehrst auch deine Mutter nicht.

18.5.39

Christi Himmelfahrt. Ein hohes kirchliches Fest.

Da ist es geboten die letzten Ereignisse zu betrachten. Zunächst die Schuldfrage. Früher in der Systemzeit, (wie man die 14 Jahre demokratischer Republik geprägt hat) wurden neben den konfessionellen Schulen die freien Schulen[31] gegründet. Wie hat man Sturm gelaufen dagegen seitens

30. Dieser Wunsch ging 1943 kurzzeitig in Erfüllung, als Johannes Klein nach seiner Entlassung aus dem KZ Buchenwald und vor seiner Überstellung zum Strafbataillon 999 seine Eltern drei Tage lang besuchen durfte.

31. Im offiziellen Sprachgebrauch wurde nur von „Sammelklassen für vom Religionsunterricht befreite Kinder" gesprochen. Die freien Schulen wurden fast ausschließlich von Kindern besucht, deren Eltern der sozialdemokratischen oder kommunistischen Arbeiterbewegung angehörten und die – der marxistischen Religionskritik entsprechend – aus der Kirche ausgetreten waren.

der Religionsgemeinschaften, trotzdem die Zugehörigkeit zur freien Schule nur eine freiwillige war. Alles mögliche wurde den Kindern, die die freie Schule besuchten, in den Weg gelegt, um sie in ihrem Fortkommen zu hindern. So handelten die Katholiken, die Protestanten und alle anderen Anhänger. Jetzt haben sie die Quittung dafür bekommen, die konfessionellen Schulen sind aufgehoben und die Gemeinschaftsschulen eingeführt. Was das bedeutet wird jedem klar und jetzt wird diesen Leuten wohl mal das Verständnis kommen, daß das mit einem Braun[32] und Severing[33] abgeschlossene Konkordat doch besser gehalten wurde, wie von einem Hitler.[34] Jetzt hat man erst die Schulen in Angriff genommen, bald folgt was anderes. Man könnte hier mit Wilh. Busch sagen: Dieses war der erste Streich, und der zweite folgt sogleich!

Man hört auch heute schon davon reden, daß bei den kommenden Fronleichnamprozessionen allerlei Schwierigkeiten gemacht werden. So dürfen hier nicht mehr dieselben Wege gemacht werden wie früher. In Frintrop dürfen sie nicht mehr auf Frohnleichnam ziehen u.s.w. bis auf einmal ein Verbot diese historischen Umzüge erfolgt. Ob man dieselbe Taktik in der Ostmark [35] befolgt? Welche Wirkung wird es haben? Wird in Italien und Spanien auch so gehandelt? Zur Zeit Martin Luthers, der Reformationszeit, wurden die Landeskinder gezwungen, sich der Religionsgemeinschaft anzuschließen wie der Landesherr befahl. Daher kommt es auch, daß einzelne Länder ganz evangelisch, während andere wieder ganz katholisch sind. Also Religion auf Befehl.

Anscheinend will man in Deutschland auch versuchen eine Staatsreligion zu schaffen. Ob's gelingt? Viel Glück!

Haben aber diese Leute, die nun glauben, daß ihnen Unrecht getan wird,

32. Otto Braun (1872–1955), Mitglied des SPD–Parteivorstandes seit 1911, amtierte von 1920–1932 als preußischer Ministerpräsident, bis er als Chef einer Minderheitsregierung am 20.7.1932 vom damaligen Reichskanzler Papen im sog. „Papen–Putsch“ abgesetzt wurde.

33. Carl Severing (1875–1952), von 1907–1912 und 1919–1933 SPD–Abgeordneter im Reichstag, amtierte von 1920–1926 und 1930–1932 als preußischer, und von 1928–1930 als Reichsinnenminister. Als Innenminister in Preußen am 20.7.1932 durch den Reichskanzler Papen abgesetzt.

34. Am 20.7.1933 hatte das nationalsozialistische Deutschland mit dem Vatikan ein Konkordat abgeschlossen, das dem Vatikan insbesondere auf schulpolitischem Gebiet Zugeständnisse machte, die sich jedoch spätestens mit der 1939 erfolgten Umwandlung der konfessionellen Schulen in Gemeinschaftsschulen als hinfällig erwiesen. Ständige Verletzungen des Konkordates seitens des nationalsozialistischen Staates hatte der Papst 1937 in seiner Enzyklika „Mit brennender Sorge“ angeprangert.

35. Ostmark = Österreich

diese Behandlung nicht verdient? Ja, ganz bestimmt, denn ihre ganze Politik ging ja nur dahin, ihrer Kirche und nicht dem gesamten Volke zu dienen. Allerhand Privilegien und Sondervorrechte verlangten sie und vergaßen darüber, die Belange der Arbeiterschaft zu vertreten und somit tragen sie eine große Schuld an der Entwicklung der Dinge, die sich in den letzten Jahren vollzogen.

Zur Bündnispolitik der Staaten ist in den letzten Tagen ein neues Bündnis entstanden. Die neue Türkei und England haben ein Bündnis abgeschlossen, daß im Falle eines Falles die Interessen im Mittelmeer garantiert. Interessant ist, daß man in ein und derselben Nummer der N.Z.[36] lesen konnte über eine 150 Millionen–Anleihe die Deutschland der Türkei gewährt hat und an anderer Stelle den Abschluß des Bündnisses mit England. Man sieht die Bündnispolitik macht Fortschritte.

Dieses Bündnis ist aber noch von anderer Bedeutung. Die Türkei besetzt den Weg vom schwarzen Meer zum Mittelmeer und es hängt viel von der Freien Durchfahrt durch die Dardanellen ab. Wenn nun Rußland in diesen Pakt mit einbezogen wird und freie Durchfahrt durch die Dardanellen hat, kann es seine Schwarze–Meer–Flotte in das Mittelmeer senden und das ist für Italien unangenehm. Für die anderen Länder stellt es vielleicht eine Unterstützung, oder je nachdem welchem Bündnispakt sie angehören Bedrohung dar. Jedenfalls ist festzustellen, daß die eine Staatengruppe hier wieder einen Vorsprung gewonnen hat. So zieht sich der Wettlauf um die Erreichung des einen Ziels, die größte Zahl der Staaten in ein Bündnis zu bekommen, wie ein roter Faden durch die ganze Weltpolitik hindurch.

Es fand auch wieder ein deutscher Kolonialtag statt und auf diesem wurde die Rückgabe der Kolonien gefordert. Ein ausländischer Sender gab dieser Tage bekannt, der Papst hätte bei den Staaten Polen, Italien, Deutschland, Frankreich und England angeregt, die schwebenden Fragen durch eine Fünfmächtekonferenz zu beraten und eine Einigung zu versuchen. Deutschland habe geantwortet, der Papst möge sich um das Seelenheil seiner Katholiken bekümmern und nicht um diese Staatsfragen. Sollte sich dieses bewahrheiten, dann wäre das eine plumpe Antwort, daß sie einem dummen Jungen aber keinem Staatsmann zuzutrauen wäre. Möglich ist ja alles, aber es ist doch kaum zu glauben.

Ja, was geschieht nicht alles heute von Leuten, die glauben sie hätten den Herrscherstab über Europa schon in Händen und könnten ihn unentwegt und ungestraft schwingen. Sie sollten doch bedenken, daß so mancher Staat

36. N.Z. = Nationalzeitung, ab 1930 erscheinende nationalsozialistische Regionalzeitung für das Ruhrgebiet und Umgebung

und so manches Volk an den Glauben von ihrer Übermacht zur Ohnmacht gebracht wurde und dadurch zu Grunde ging. Die Weltgeschichte hat eine ganze Reihe von diesen Mene Tekel aufzuweisen. Es könnte auch in der Neuzeit sich ein solches Mene Tekel ereignen.

20.5.39

Morgen ist wieder ein großer Tag für Deutschland. In Deutschland sind jetzt sehr oft große Tage. Morgen ist großer Muttertag, da werden die deutschen Mütter geehrt. Aber halt nicht so eilig. Nicht alle Mütter werden geehrt, sondern nur diejenigen, die am meisten Kinder haben oder gehabt haben. Je mehr sie geboren haben desto mehr Ehre.

Wenn der Bauer ein Pferd oder eine Kuh hat, die gut kalbt, oder anderseits gut fohlt, dann ist er stolz auf diese Tiere und er wünscht sich von der Sorte mehr. Ein gutes männliches Zuchttier dabei und das Geschäft blüht. Aber eins tut der Bauer auch. Er schafft nicht mehr solcher Tiere an wie er auch mit Futter versorgen kann.

Welche Mutter war nun gescheiter, diejenige die 8 und mehr Kinder gebar und sie nur kümmerlich ernähren konnte, oder handelte die Mutter besser und vernünftiger, die nur 2 oder 3 gebar und sie ausgiebig ernährte. So hat jede Medaille auch eine Kehrseite.

Morgen nun werden die Mütter prämiert für ihre Leistung auf diesem Gebiet. Gewiß ist das alles gut und schön; aber sehen wir uns mal die Wirklichkeit an. In Essen werden am morgigen Tag 1912 Ehrenkreuze aus Bronze, 2292 versilberte und 4449 vergoldete verteilt. Interessant wäre es ja, wieviele von den Kreuzen an Arbeitermütter kommen und wieviele Mütter aus besseren oder begüterten Kreisen. Welch schöne Statistik würde das geben. Ich glaube schon, daß die Mütter aus Arbeiterkreisen in überwiegender Zahl vorhanden sind. Es wäre auch mal sehr schön, wenn man feststellen könnte, welches Einkommen nun diese Mütter oder deren Haushalt zu verbrauchen hätte. Ich bin davon überzeugt, daß man viele antreffen würde die mit dem mageren Wohlfahrtssatz oder mit einer Rente die eben den Wohlfahrtssatz erreicht, auskommen müssen. Ist das nun die Ehrung der Mütter, wenn man sie einerseits mit einem Ehrenkreuz schmückt, andererseits aber so niedriges Einkommen haben, daß sie am Hungertuche nagen müssen.

Die Mütter die heute noch fruchtbar sind werden mit Geld unterstützt, ebenso für die Kinder, wenn sie 4 haben. Hier muß man auch die Frage stellen: Könnten die jungen Mütter gebären wenn die alten nicht geboren hätten? Hätten wir junge Mütter wenn wir keine alten Mütter hätten? Gewiß ist der Muttergedanke und der Beruf einer Mutter etwas Großes und

Erhabenes und Dichter und Sänger haben ihn gepriesen und besungen. Ist aber eine Mutter mit zwei Kindern nicht genau so gut eine Mutter. Oder ist eine Frau die unglücklicherweise (oder glücklicher Weise), nicht gebären konnte, nicht ebenso ein Mensch wie andere. Also werden diese gewiß ebenso ehrenhaften Frauen verachtet und zu Frauen 2. Klasse gemacht, in einem Staate der vorgibt, die Klassengegensätze beseitigt zu haben, dafür aber Stände eingeführt hat, wo die Klassengegensätze noch viel schärfer hervortreten. Ein vernünftiger Mensch wird nichts dagegen haben, wenn die kinderreichen Familien unterstützt werden, aber ein Staat der diese Dinge fördert, ohne die Mittel zu haben dauernd das durchzuführen, ohne das Volk auszupowern, handelt meiner Auffassung nach nicht richtig, oder es müßte erst eine neue Gesellschafts– und Wirtschaftsform durchgeführt werden.

Otto Reuter der große deutsche Humorist, sang vor dem Kriege ein von ihm selbst verfaßtes Couplet, in dem er den Kriegskrüppel, mit dem Leierkasten besang und am Schluß wies er dann immer auf die Orden hin, die die Armen trugen. So ist es heute. Eine Ordensflut ergießt sich auf die Menschen und stolz sind sie auch noch solch ein Ding zu tragen, wenn auch nicht alle.

Wenn dieser Ordenssegen für die Mütter noch etwas klingende Münze mitbrächte. Erst soll man den Müttern und natürlich auch den alten Vätern eine anständige Rente geben, dann ehrt man sie besser, als wie durch ein Ehrenkreuz. Ach ja, wenn man manchen Kindern ein Spielzeug gibt sind sie zufrieden; auch die alten Kinder.

7.7.39

Fast zwei Monate sind vergangen seit ich die letzten Eintragungen machte. Ich war diese Zeit ziemlich schreibfaul und daher die lange Pause. Stoff genug ist vorhanden, ja Stoff um einen ganzen Band zu füllen.

Die weltpolitische Lage hat sich bisher nicht verbessert, sondern verschlechtert. Wenn die Geschehnisse um die Tschechoslowakei[37] viel Staub aufgewirbelt und einen starken Sturm entwickelt haben, so drohen die neuen Geschehnisse einen Orkan zu entfachen, der über Europa losgelassen, zur Katastrophe führen kann. Doch davon nachher.

In der Tsch.S. scheint es doch noch nicht alles so in Butter zu schwimmen, scheint nicht alles so rosig zu sein, wie man uns hier vortäuscht, sondern es scheint so, als ob dort das Volk die deutschen

37. Vgl. Anmerkung 29

Segnungen doch nicht mit sehr großem Jubel begrüßt. Wenn man schon mit so brutalen Mitteln, wie Kontributionen, Belagerungszustand, Standgerichten und so weiter Ruhe und Ordnung schaffen muß, dann muß doch auch Ruhe und Ordnung gestört sein.

Es scheint so, als ob auch der N.S. ohne diese Mittel nicht auskommen könnte, bei dem N.S. keine Seltenheit. Der N.S. regiert doch nur mit Zwangsmittel in schwächerem und stärkerem Maße angewendet, je nachdem es notwendig erscheint. Ob sich die Völker darunter glücklich fühlen ist ihm höchst gleichgültig. Der N.S. hält sich für befähigt, die Welt zu befreien und zu beglücken und glaubt nun, jedes Mittel dazu anwenden zu können und am Schlusse wird es sich herausstellen, daß es doch ein Versuch am untauglichen Objekt war. Leider wird dieser Versuch viele Werte und viele Menschen verschlingen.

Dieselbe Methode, die man schon auf die Okkupierung der Ostmark angewendet hat, scheint man jetzt auch im Freistaat Danzig anwenden zu wollen. Erst provozieren, dann Komplikationen herbeiführen und dann einmarschieren. Hier stößt man aber auf ein anderes Hindernis als wie in der Ostmark. Hier kommen sie mit einem anderen Gegner in Konflikt und hinter diesem Gegner steht eine große Macht und es fragt sich, ob man diese Macht ignorieren will. Jedenfalls stehen die Dinge auf des Messers Schneide und es kann jeden Tag zur Entscheidung kommen.

Interessant ist es die Stimmung im Volk zu beobachten. Der eine meint, Danzig wird unser. Wir marschieren ein und kein Engländer, kein Franzose und kein Pole wird uns hindern. Der andere meint: In dem Augenblick wo die Deutschen in Danzig einmarschieren, ist der Krieg da. Nach allen Rundfunkmeldungen aus England und Frankreich scheint mir wohl das letztere zuzutreffen. Mit Bestimmheit zu sagen, so ist es, daß werden nur die können, die hinter den Kulissen arbeiten. Wer weiß welche Überraschungen wir noch erleben; aber jedenfalls keine angenehmen.

Nach dem großen Coup, den die Bergarbeiter mit den 3/4 Stunden landeten, wurde den Invaliden schon eine Überraschung bereitet. Es hieß in der Zeitung, die dritte Brüning'sche Notverordnung[38] sei aufgehoben, aber nur zum Teil. Natürlich großes Rätselraten, denn die meisten wissen ja nicht, was diese Notverordnung besagt. Jetzt kriegen wir unsere alten Renten wieder, meinten die meisten und freuten sich schon im voraus, als aber Klarheit eintrat, da stellte sich heraus, daß nur sehr wenige in Frage kommen. Es handelte sich nur um die 20 % die von einer Rente ruhten, wo zwei Renten in Frage kamen. Und jetzt ist die Wirkung dieser Maßnahme verpufft. So erleben die Menschen eine Enttäuschung nach der anderen und der Erfolg: die Erbitterung steigt. Ich bin davon überzeugt, daß noch viele Enttäuschungen kommen werden. Ja ich glaube, daß auch mal die Zeit kommt, wo das gesamte deutsche Volk es einsehen wird (natürlich die Bonzen und die Nutznießer der Partei ausgenommen), daß der ganze Nationalsozialismus eine einzige, ungeheure Täuschung ist. Ich möchte wohl behaupten, daß ein großer Volksteil es heute schon einsieht, sonst könnte nicht eine solche Mißstimmung vorhanden sein.

Wir hatten hier in Essen kürzlich wieder ein paar große Tage. Am 18. Juni wurden die Gefallenen der Bewegung, wie es so schön hieß, nach Essen überführt und auf dem Südwestfriedhof, in einem dort errichteten Ehrenmal beigesetzt. Es waren Gefallene des Gaues Niederrhein. Von 18 – 35 Jahren, ja unter den 15 Gef. waren zwei, die noch nicht 18 Jahre alt waren. Wieviel Geld hat dieses Schauspiel gekostet? Aber der N.S. tut was für seine Toten, für die Lebenden nur die Arbeit. Schaustellung, Gepränge nach außen, damit muß das Volk bei der Stange gehalten werden, das ist der ganze Witz.

In dem einen Teil Deutschlands Belagerungszustand, in dem anderen Teil zwangsmäßig kommandierte Feste. Zwang zur Arbeit und Zwang zum Feiern, alles Zwang. Ein Staatsmann sagte einmal: Mit dem Belagerungszustand kann jeder regieren. Wenn das zutrifft, dann braucht man keinen Kommentar dazu.

Noch einen großen Tag oder vielmehr 2 Tage hatte wir am 22. und 23. Juni und zwar erlebten wir es ziemlich nahe. Auf dem großen Gaufeld wurde an diesen Tagen der Gautag für den Gau Niederrhein abgehalten. Alle Mittel wurden eingesetzt um die Ausschmückung des Gaufeldes würdig zu gestalten. Große Pylone wurden aufgestellt, Tribünen errichtet am Gaufeld und auch in Essen am Platz der Freiheit. Tribünenkarten waren zu haben für 3–10 M. Wieviel Geld wird das eingebracht haben; aber wieviel Geld wurde auch verschwendet. Gott Pluvius hat ihnen aber diesmal sehr

38. Als Notverordnungen wurden in der Weimarer Republik Verordnungen des Reichspräsidenten zur Wiederherstellung der öffentlichen Sicherheit und Ordnung nach Artikel 48, Abs. 2 der Weimarer Reichsverfassung bezeichnet. Ursprünglich zur Abwehr von Staatsnotständen gedacht, entwickelten sich die Notverordnungen während der Kanzlerschaft des ohne parlamentarische Mehrheit regierenden Zentrumspolitikers Heinrich Brüning 1930–1932 zu einer „Legislativreserve", da der Reichstag keine Gesetze mit parlamentarischer Mehrheit verabschieden konnte. Das Kabinett Brüning war als erstes „Präsidialkabinett" der Weimarer Republik somit nicht mehr von einer Reichstagsmehrheit, sondern vom Vertrauen des Reichspräsidenten von Hindenburg abhängig. Dadurch wurde die Trennung zwischen Legislative und Exekutive de facto beseitigt und ein wesentlicher Kernbestand der parlamentarischen Demokratie ausgehöhlt.
Die dritte Notverordnung des Kabinettes Brüning, erlassen vom Reichspräsidenten am 6.10.1931, hatte eine Reform der Sparkassen- und Girozentralen eingeleitet, die als öffentlich-rechtliche Kreditinstitute zunächst außerhalb der Bankenaufsicht geblieben waren.

in die Suppe gespuckt. Es regnete tüchtig. Der Gauplatz war nur zu 2/3 besetzt, und Goebbels, der redete, hat seine Rede nach 3/4 Stunde abgebrochen. Der Beifall, den er erhielt war nur sehr mäßig und auch die Parade mußte abgebrochen werden, so das diesmal das große Schaugepränge ins Wasser fiel.

So müßten alle Kundgebungen verlaufen, dann würden sie auch mal einsehen, daß man mit Feste feiern keine hungrigen Mäuler stopfen kann. Die Methode des alten Roms (Panem et circenses) den die N.S. so gerne befolgen, überlebt sich auch einmal, denn das Volk ist mit Brot und Spiele nicht immer zufrieden zu halten. Und wenn der N.S. diese Devise noch lange befolgen will, dann werden sie einsehen müssen, daß das Volk doch in den 14 Jahren der verdammten Systemzeit (wie sie immer schimpfen) doch an realere Tatsachen sich gewöhnt hat und nicht nur Brot und Spiele will, sondern zu dem Brot noch etwas anderes und das es vor allen Dingen nicht ewig in eine Zwangsjacke eingeengt will sein. Wer lange genug lebt wird es schon noch sehen.

25.7.39

Wiederum kam ein Brief von Hans. Schreiben wie gewöhnlich. Doch man spürt trotz allem die Sehnsucht zwischen den Zeilen. Aber nichts ist zu wollen, ob man flucht, ob man schimpft, der N.S. bestimmt. Was es noch geben soll, weiß ich nicht. Mein Gesundheitszustand läßt sehr zu wünschen übrig und wer weiß wie lange man noch diese Zeilen fortführen kann. Aber das ist nicht das schlimmste! Mutter fängt auch an zu klagen und zu stöhnen und es ist traurig, daß keiner da ist der die schwere Arbeit tun kann. Die Kinder, ja wo sind die? Der eine im Lager weit fort, die andere im Kloster weit fort, der dritte ziemlich weit, wenn auch nicht so weit wie die anderen; aber doch immerhin so weit, daß sie der Mutter nicht bei der Arbeit helfen können. So muß sie sich schinden und quälen und ich, wenn ich mal wieder riskiere was zu tun, dann muß ich es wieder tagelang büßen. Dann grübelt man und denkt immer: Hat Hans noch ein Heim wenn er endlich los käme? Und weiter grübelt man: Wie wird's Mutter ergehen, wird sie sich allein durchs Leben schlagen müssen? Alles wäre leichter zu überstehen, wenn die Kinder nicht so weit wären. Wir sind nun nicht die Menschen, die über Unabwendbares nun ewig klagen wollen, denn es gilt ja nicht unser Wille, sondern der eigene Wille der Kinder; aber es wäre doch schön, wenn sie einem das Leben erleichtern könnten.

Bei Hans muß man ja eine Ausnahme machen, denn es ist ja nicht sein eigener Wille, daß er so weit fort ist, sondern die Entfernung ist ihm ja aufgezwungen. Man würde ja sich auch damit abfinden, wenn man doch gesund wäre, alle Arbeiten verrichten könnte, oder wenigstens die Mutter noch gesund wäre. Abfinden muß man sich ja auch jetzt mit den Verhältnissen, notgedrungen; aber es würde dann doch um vieles leichter sein. So geht es eben. Sind die Kinder klein dann sorgt man sich um sie und sind sie groß, dann sorgt man sich erst recht. Elternlos!

Aber es müßte eigentlich nicht immer so sein. Mir persönlich macht es ja auch Beschwer; aber mir geht es nicht um mich, um meine Person, mir geht es um die Mutter. Soll sie die alten Tage noch mehr in Sorge verleben? Jetzt ist das Leben schon kein freudiges zu nennen, so wird es dann sicher nicht freudiger.

So wie das Leben für uns nicht freudig ist, so ist es für viele nicht freudig und es ist auch gar nicht zu sehen, daß es mal besser wird. Doch jetzt zu etwas anderem.

In München fand in den vergangenen Tagen wieder der Tag der neuen Kunst statt. Dieser Tag wird jedes Jahr in München gefeiert. Der N.S. behauptet, jede Zeit bringe ihre Kunstepoche und jede Bewegung bringe eine neue Kunstrichtung. Trifft das zu? Zum Teil ja. Aber wenn der N.S. meint, daß ein Zeitraum von 6 Jahren schon eine vollständige Umwandlung gebracht habe, so ist er doch in einem gewaltigen Irrtum befangen. Eine Kunstepoche greift immer zum Teil in eine Ältere zurück und lehnt sich an sie an. Mag es die Malerei, die Literatur, die Dichtkunst, die Baukunst oder was für eine sein, sie muß immer von den Vorbildern lernen.

Wenn man aber durch eine Partei die Kunst in eine Schablone pressen will, dann mag man sie noch so sehr zu fördern versuchen man wird nur Afterkunst erzielen. Kunst will sich frei entfalten und nicht in Schablone pressen lassen. Was unter solchen Verhältnissen geleistet wird, wird keinen Ewigkeitswert besitzen, sondern schnell der Vergessenheit anheim fallen. Am besten können wir uns hier in der Literatur davon überzeugen. Der gebildete Leser kann die Erzeugnisse der allerneusten Literatur noch schlecht verdauen! Er greift immer wieder nach dem Alten, Bewährten. Der Durchschnittsleser allerdings fragt nicht nach dem Motiv und der Sprache und der Parteileser fragt nur nach der Richtung.

Und wenn man schon die Kunst parteilich beeinflussen will, dann wird sie mit dem Fallen dieser Partei auch fallen.

Glaubt man, wenn man die Erzeugnisse von Künstlern verbrannt hat, auch deren Geist vernichtet zu haben? O nein! Der Geist lebt weiter.

Wir hatten eine Empirezeit. Wir hatten eine Rokokozeit, und wie lange ist das schon her und doch findet man noch immer in der Kunst Nachklänge an jene Zeit. Wir hatten einen Goethe, Schiller, Lessing, Hebel, einen Eichendorff, einen Heine, einen Grillparzer u.s.w. und dann frage ich, sind sie von den heutigen Künstlern übertroffen worden? So soll sich keine Partei rühmen, daß ihre Kunst und ihre Richtung die beste sei, sie kann bei ihren Zeitgenossen die etwas davon verstehen und bei ihrem Nachwuchs, also den kommenden Generationen nur bemitleidet werden.

Hier geht es auch wie bei vielem anderen. Im N.S. glaubt nun jeder die Fähigkeit zu besitzen über Kunst zu urteilen und da ja keiner in der Lage ist, ein freies Urteil darüber zu fällen, so erhebt man die Auffassung der N.S. zur Kunst und die wahre Kunst wird verdammt mit ihren Werken ins Ausland zu wandern.

Man scheut heute nicht mal dafür zurück, Tatsachen umzuwandeln die durch die freie Forschung historisch geworden sind, um sie ihrer Parteidoktrin nutzbar zu machen. Wir wissen ja auch, daß manches, was man als unumstößliche Tatsachen angesehen hat, von der wissenschaftlichen Forschung überholt ist und derjenige wäre ein Tor, der das nicht anerkennen wollte, aber jedenfalls steht fest, daß heute eine ganze Reihe von Geschichtsklitterungen und Geschichtsfälschungen benutzt werden um sie sich dienstbar zu machen.

Alle berühmten Männer, Dichter und Philosophen, von Kant bis Hegel, von Goethe bis zu den neueren Dichtern, spricht man einfach als Vorläufer des N.S. an! Und wer je diese Philosophen und Dichter gelesen und studiert hat wird finden, daß es nichts unsinnigeres gibt als diese Behauptung. – Wenn man mit solchen Mitteln Kunst pflegen und fördern will, dann wird die Kunst natürlich auch danach ausfallen.

26.7.39

Heute ist St. Annentag und wir haben vergessen, den verschiedenen Annas zu gratulieren. Ja was vergißt man heute nicht alles.

Heute schreibt die Zeitung wieder einen Prozeßbericht, über einen katholischen Geistlichen. Mit Behagen meldet sie das Urteil: 5 Jahre Zuchthaus, 10 Jahre Ehrverlust und Sicherheitsverwahrung wegen sittliche Verfehlungen. Ein sehr hartes Urteil, gefällt über einen Menschen, der vielleicht zwangsläufig in solche Situationen hineingetrieben wird. Aber geschieht diesen Kreisen eigentlich ganz recht. War es nicht das Zentrum, daß 1933 nach der Wahl in der ersten Reichstagssitzung, dem von Hitler gebildeten Kabinett, das Ermächtigungsgesetz bewilligen half? Sie war es ja, diese Partei der Mitte die Hitler legal an die Macht brachte. Hätte sie das nicht getan, dann hätte H. mit seinem Anhang einen Staatsstreich machen müssen.[39] Er konnte dann nie sagen: das deutsche Volk steht hinter mir!

39. Auch wenn das Zentrum seine Zustimmung zum Ermächtigungsgesetz verweigert hätte, wäre eine Zweidrittelmehrheit für das Gesetz angesichts der Ausschaltung der kommunistischen Reichstagsfraktion und der durch Verhaftungen erfolgten Dezimierung der sozialdemokra-

Man hat eben geglaubt, für diese Gefälligkeit, hätte H. das Zentrum bestehen lassen, aber sie haben sich getäuscht. Ihre Selbstentmannung (Oder war es Feigheit?) hat ihnen nichts genützt, sie sind getreten und vernichtet worden, genau wie die anderen Parteien auch, die Quittung für ihr Verhalten.

Vieles könnte man noch darüber schreiben, wenn man alle Gedanken darüber niederlegen wollte; aber leider ist mir nicht möglich viel zu schreiben. Wer weiß wie lange ich noch schreiben kann. Ist es mir doch so, als ob mein Zustand immer schlechter würde, Ob Hans diese Zeilen jemals zu Gesicht kriegen wird? Ich will ja hoffen, daß mein Zustand sich wieder bessert, aber der Mensch hofft ja oft vergebens.

4.8.39

Trotz meines schlechten Zustandes will ich versuchen heute einiges zu schreiben. Was ist es doch ein trauriger Zustand, ewig in Schmerzen zu leben. Die Menschen die gesund sind können nie ermessen, wie es einem kranken Menschen zumute ist. Wenn er dann mal launisch ist und seinem Unmute die Zügel läßt, dann heißt es gleich, was ist das für ein unzufriedener Mensch und wissen nicht, daß alles nur seiner Krankheit zuzuschreiben ist.

Wenn man nun die Gewißheit hätte, daß Mutter wenn sie allein blieb, keine Not zu leiden hätte, dann könnte man sich bald Erlösung wünschen; aber leider muß man bei den traurigen Witwenrenten, die die Knappschaft zahlt, diese Befürchtung hegen. Manches hat Mutter, und auch ich, durchgemacht und müssen leider auch jetzt noch durchmachen. Doch eins hoffe ich bestimmt, daß unsere Kinder die Mutter nicht im Stich lassen werden. Wenn nur Hans zurückkäme, wäre ein großer Teil Leid aus ihrem Leben geschieden und etwas Freude könnte sie dann noch haben. Aber wir müssen uns fügen und können nichts ändern, so gerne man auch möchte. Das Alter setzt uns eben Schranken, die nicht zu überspringen sind und die anderen Schranken werden von einer anderen Seite gesetzt und auch diese lassen sich nicht einrennen.

Wenn man alles so überlegt, dann fragt man sich doch oft: was hat man

tischen Reichstagsfraktion auf 91 Mitglieder nicht zu verhindern gewesen. Gleichwohl bleibt festzustellen, daß sich die SPD-Fraktion in ähnlicher Situation trotz schwersten psychischen und physischen Druckes „zu den Grundsätzen der Menschlichkeit und der Gerechtigkeit, der Freiheit und des Sozialismus" (so Parteivorsitzender Otto Wels) bekannte und dem Ermächtigungsgesetz als einzige Partei die Zustimmung verweigerte.

nun davon, ein Leben der Pflicht und Arbeit gelebt zu haben. Im Alter noch Not und Leid trotz allem! Zwei Jahre Krieg mitgemacht, fast am Tode gestanden und wie so vielen gibt uns die Staatsführung Steine statt Brot. Nicht körperlich aber seelisch und das tut weh! Anscheinend will man das wohl auch.

Man verhängt über Menschen, die noch nie mit dem Gesetz in Konflikt geraten sind Strafen, weil man früher eine andere Überzeugung gehabt hat, oder ist es etwa keine Strafe, wenn man den Mann oder Sohn u.s.w. hinter Stacheldraht hält, eine Strafe sowohl für den Gefangenen, als wie auch für die Angehörigen.

So zieht sich das Unrecht wie ein roter Faden durch die Geschichte, so lange bis das der Arme erkannt hat, wie sich die Herrschenden den Ertrag der Arbeit, den der Arme schafft, einheimsen kann. Noch hat es der Arme nicht recht erkannt, hoffentlich begreift er es recht bald, damit das Unrecht endlich ein Ende nimmt.

Augenblicklich ist am politischen Horizont nur das übliche Geschimpfe zu sehen und zu hören wie immer. Verhandlungen hier und dort. Hier schreien sie über Terror und dort. Vergewaltigungen werden hier und dort ausgeübt, oder es wird uns derartiges vorgetäuscht; aber alles deutet darauf hin, als ob es die Stille vor dem Sturm sei. Wie soll man sich sonst die Maßnahmen erklären, die getroffen werden. Beschlagnahme von Autos und Motorräder, Beschlagnahme von Benzol, Einziehung von vielen gedienten Soldaten zu Übungen. Auch schicken die Aktiven ihre Extra-Montur nach Hause, warum und weshalb dürfen sie nicht schreiben. Worauf deutet das hin? Zweifellos doch nur darauf, daß man einen Stoß, den man befürchtet abwehren, oder das man sich zu einem Vorstoß rüstet, den man gesonnen ist, auszuüben.

Nach allem, wie man durch die letzten Wochen hindurch beobachten konnte, scheint das letztere bevorzustehen. Aus allen Äußerungen der Presse, wie auch der fasch. und nationals. Staatsmänner, will man anscheinend, trotz aller Friedensbeteuerungen, den Coup wagen und den Kampf um die Vorherrschaft in Europa beginnen. Dann man immer zu!

Es fragt sich nur, wer der Gewinnende dabei ist. Ob der eine oder der andere Block im Vorteil ist, ist meines Erachtens gleich. Der kommende Konflikt wird vielleicht der Anfang sein, daß alle Verhältnisse in Europa eine Umwertung erfahren, entweder nach der einen, oder nach der anderen Seite. Es wäre auch unbedingt notwendig, denn sonst wird Europa niemals zur Ruhe kommen. Nur so kann meines Erachtens das europäische Gleichgewicht, wie man sagt, hergestellt werden.

9.8.1939

Allein geblieben für einen Nachmittag (Mutter ist zum Krankenhaus), will ich mein Tagebuch um einige Zeilen bereichern.

Wenn man die Zeitungen liest, besonders zwischen den Zeilen, dann kann man feststellen, daß die Hetze zwischen den beiden Extremen in Europa, Dikatur und Demokratie, unentwegt weitergeht. Wenn man die deutsche Presse anschaut (die ja eigentlich nur vom Propagandaministerium dirigiert wird), sollte man glauben, daß die deutschen Drahtzieher alle mit der Milch der frommen Denkungsart gespeist seien und sie damit großgezogen seien. Nur die Regierungen und Staatsmänner der Demokratien hätten sie in gärend Drachengift verwandelt. Wie steht's denn nun eigentlich damit?

Wenn man die Entwicklung der NSDAP zurückverfolgt und sich die Reden ihrer Führer und Agitatoren vor Augen ruft und die moralischen Qualitäten, die sie besaßen, vor dem Umsturz und auch nach demselben, der wird immer wieder finden, daß sie es mit der Wahrheitsliebe nicht sehr genau genommen haben und, wie sie es damals gemacht, so machen sie es auch heute. Würden sie die Wahrheit sagen, dann müßten sie zugeben, daß in ihrer vorwiegend ersten agitatorisch eingestellten Zeit, das Volk nur mit Schlagworten und Phrasen betäubt haben. Leider hat das Volk es recht schnell vergessen und in seiner Denkfaulheit und auch in seiner Unkenntnis, kriecht es ja so schnell auf jede Leimrute, kann nicht mehr los und zappelt sich zu Tode; oder wenn es gewaltsam los kommt, muß es aber wie ein Vöglein viele Federn lassen.

Wer erinnert sich nicht an die Phrase, die sie noch heute benutzen, 1918 hätten die Männer, die die Regierung übernahmen, einen geordneten Staat und klare Verhältnisse angetroffen und sie hätten 1933 ein Chaos vorgefunden. 1918 keine Lebensmittel, keine Rohstoffe und leere Staatskassen. In den Krankenhäusern für die Verwundeten Papierbinden, kurz und gut, es fehlte an allem, außerdem die Soldaten mußten wieder in Arbeit gebracht werden und dann unter dem denkbar chaotischen Zustand, eine gigantische Aufgabe. Ich glaube, die bürgerlichen Parteien und deren Führer, die heute in Staatsstellung sind und Kritik üben an den Männern die damals die Aufgabe bewältigt haben, waren froh, daß sie sich an der Bewältigung dieser Aufgabe vorbeidrücken konnten, weil sie einmal zu feige waren und zum andern die Verantwortung scheuten.

So versucht man auch heute alle Verantwortung für den Ernst der Zeit in der wir stehen auf die anderen Völker abzuwälzen und ihnen die Schuld an dem kommenden Konflikt aufzubürden. Aber es nützt nichts. Man wird auch hier allmählich zu der Erkenntnis kommen müssen, daß zu einem Streit immer zwei nötig sind und die kommende Zeit wird auch feststellen müssen, daß beide schuldig sind, aber auch, wer nun die größte Schuld trägt. Die Weltgeschichte ist das Weltgericht. Einmal wird die Zeit kommen, wo es klar erkennbar sein wird, wem von diesen Friedensaposteln, aber Kriegsrüstern, der Nimbus des großen Führers abgesprochen wird. Jeder, dem man sein Halleluja gesungen, hat auch sein Crucifix gefunden.

Gestern schrieb die Zeitung, die Polen wollten Danzig beschießen. Aus einem Artikel einer polnischen Zeitung reißt man einen Satz heraus und knüpft seine Schlußfolgerungen daran wie man sie braucht, wenn es nur den Zweck erfüllt, ja keine Schuld auf uns fallen zu lassen. Das nennt man dann Politik. Wenn eine polnische Zeitung das geschrieben hat, dann hat dieses Schreiben ja auch eine andere Ursache. Schreibt man hier denn nicht auch beleidigende Artikel und strotzen unsere Reden nicht oft genug von Verhöhnung fremder Staatsmänner, aber wenn zwei dasselbe tun so ist es noch lange nicht dasselbe. Diese läßt man nur für sich gelten, aber nicht für den anderen.

Ich muß leider aufhören zu schreiben. da ich zu nervös bin. Vielleicht zeigt sich auch in den nächten Tagen etwas neues.

Eines muß ich noch erwähnen, das Problem der Leistungssteigerung im Bergbau. Göring hat extra einen Beauftragten eingesetzt einen Pg[40] Paul Walter, von Beruf Kaufmann. Ob dem es gelingt müssen wir abwarten. Die Grube ist keine Fabrik und kein Handwerksbetrieb. Wenn Walter sich beim Handwerk Lorbeeren pflücken konnte, so ist das im Bergbau recht fraglich, da hier doch ganz andere Verhältnisse vorherrschen, wie beim Handwerk und einmal hat jede Leistung eine Grenze. Technische Verbesserungen ja, aber nicht auf Kosten der Arbeiter. Auch die Unternehmer beschuldigt man nicht genug für Aufschließung von Flözen[41] u.s.w. nicht genügend getan zu haben. Ja Walter wird schon dafür sorgen. Wir könnten ihnen schon sagen woran es liegt!

2.9.39

Es ist nun bald ein Monat her, daß ich die letzte Aufzeichnung machte. Es hat sich in dem kurzen Zeitraum vieles und Ungeheures zugetragen und das Endergebnis aller dieser Ereignisse ist, wie wir es schon 1933

40. Pg = Parteigenosse, Mitglied der NSDAP
41. Flöz = Kohlenlagerstätte

vorausgesagt haben, der Krieg ist da[42]. Schon knallen die Gewehre, Kanonen und die Flugzeuge werfen Bomben und schon gibt es Tote und Verwundete. Die Bestie ist entfesselt und wer weiß, wann sie erst wieder gebändigt ist.

Alle Vorkommnisse hätte ich schon niederschreiben müssen, weil sich die Ereignisse überstürzten. Leider bin ich so manche Tage nicht dazu aufgelegt und auch nicht fähig, da es mir gesundheitlich nicht gut geht. Dauert der Krieg länger, dann glaube ich nicht, daß ich ihn überlebe, auch ohne Bomben und Gas. Aber nun zurück zur Sache.

Die Verhandlungen England-Rußland zogen sich in die Länge, und trotzdem glaubte man, (da doch eine Militärkommission in Rußland war) an einen Abschluß eines Bündnisses, aber die Verhandlungen zerschlugen sich. Schon vor Wochen tauchte ein Gerücht auf, als ob sich zwischen England und Rußland engere Verhältnisse anbahnten. Trotzdem war wohl die ganze Welt überrascht, als der Nichtangriffspakt[43] zwischen Rußland und Deutschland bekannt wurde. Es ist ja auch zum wundern. Wenn man die beiden Extreme vorstellt, dann hätte man sagen müssen, unmöglich. Stelle man sich vor. Es besteht ein Antikominternpakt und Deutschland ist einer der Partner. Man veranstaltet Antikominternausstellungen und trägt in derselben alle Sünden und Nichtsünden der Komintern zusammen. In allen Reden und Schriften sagt man die russische Regierung und die 3. Internationale, also die Komintern, sind miteinander identisch, beschimpft

42. Am 1. September 1939 hatte das nationalsozialistische Deutschland durch den Überfall auf Polen den deutsch–polnischen Krieg ausgelöst, der sich durch die Kriegserklärung Großbritanniens und Frankreichs am 3. September zum europäischen Krieg ausweitete. Als Vorwand für den Überfall auf Polen hatten kurz zuvor SS–Männer unter dem Kommando des SS–Sturmbannführers Naujocks in polnischen Uniformen den deutschen Sender Gleiwitz überfallen und als „polnisches Freiheitskomitee“ von einem Dolmetscher einen vierminütigen antideutschen Aufruf verlesen lassen.

43. Um sich für den geplanten Krieg gegen Polen Rückendeckung zu verschaffen, hatte das Deusche Reich am 23.8.1939 den Nichtangriffspakt mit der Sowjetunion abgeschlossen, deren Bündnisverhandlungen mit den Westmächten im August an der Weigerung Polens gescheitert waren, der Roten Armee im Falle eines Konfliktes mit Deutschland ein Durchmarschrecht zu gewähren. In einem streng geheimen Zusatzprotokoll wurden der Sowjetunion seitens des Deutschen Reiches als Gegenleistung Finnland, die baltischen Staaten, Ostpolen und Bessarabien als Einflußsphären zugestanden. Durch die Besetzung Ostpolens ab 17.9.1939, die im „deutsch–sowjetischen Grenz– und Freundschaftsvertrag“ vom 28.9.1939 deutscherseits ausdrücklich anerkannt wurde, die Besetzung Estlands (ab 16.6.1940), Lettlands (ab 16.6.1940), Litauens (ab 12.6.1940) und Bessarabiens (ab 27.4.1940) nach entsprechenden sowjetischen Ultimaten sowie durch territoriale Erwerbungen im sowjetisch–finnischen „Winterkrieg“ 1939/40 nahm die Sowjetunion, die als militärischer Aggressor am 14.12.1939 aus dem Völkerbund ausgeschlossen worden war, die Einflußsphären innerhalb kurzer Zeit in Besitz.

den Marxismus, als dessen Träger man Rußland bezeichnet, hat tausende ja vielleicht Hunderttausende dieser Idee anhängenden in K.Z.L. und im Zuchthaus und schließt mit diesem Erzfeind Nr. 1 und Nr. 2 einen Nichtangriffspakt.

Man sagt: Litwinow[44] der Jude sei nicht mehr Außenkommissar, also Erzfeind Nr. 1 sei weg. Dann muß man aber fragen: ist die russische Regierung dann judenrein, oder der Einfluß der Juden ganz erloschen. O nein, es ist noch dasselbe.

In Rußland war es genauso. Man schimpfte hier in allen Tönen grob und fein auf das faschistische Italien, wie auch auf das nationalsozialistische Deutschland. Keine Verhandlungen könnten mit denen stattfinden und schon [gar]kein Pakt zwischen beiden Staaten. Tatsache ist doch, daß Rußland die kommunistische Parteidiktatur und Deutschland die nationalsozialistische Parteidiktatur hat. Wie kann man sich denn nur ein solches Verhältnis denken. Zwei Dinge sind nur möglich. Entweder haben die Bolschewiki in Rußland den Kommunismus schon ad acta gelegt und die Phrase der Weltrevolution fallen lassen, dazu haben sie 22 Jahre gebraucht. In Deutschland hat es 6 Jahre gedauert um von ihrer Doktrin (siehe „Mein Kampf") abzuweichen und mit dem Erzfeind Nr. 1 und Nr. 2 einen Pakt abzuschließen. Sind die beiden nun ehrliche Partner oder sucht der eine den anderen über den Löffel zu barbieren? Es kann aber alles an der Tatsache des Paktes nichts mehr ändern und so müssen wir feststellen, daß Rußland ein groß Teil Schuld an dem Ausbruch der Kampfhandlungen trägt.

Inzwischen gingen die Verhandlungen weiter. Man versuchte den Konflikt zu beseitigen. Hitler erklärte in einer Rede, sein Ziel sei die vollständige Vernichtung des Versailler Vertrages, und der Korridor müsse wieder deutsch werden. England und Frankreich überließen Polen die Entscheidung. Auf dieser Basis war auch keine Verhandlung möglich. Zwei Tage vor Ausbruch der Feindseligkeiten, stellte Hitler 14 Punkte auf, die geeignet, ja sogar sehr geeignet waren, eine Verhandlungsbasis darzustellen[45]. Die 14 Punkte wurden beiden Partenern gerecht, da sie das Selbstbestimmungsrecht der Einwohner des umstrittenen Gebiets vorsa-

44. Der sowjetische Außenminister von 1930–1939, Maxim Litwinow, hatte sich in seiner Amtszeit besonders für ein System kollektiver Sicherheit gegenüber der Bedrohung durch das nationalsozialistische Deutschland engagiert und war als „Jude Finkelstein" bevorzugtes Zielobjekt nationalsozialistischer Propaganda. Litwinow wurde als Außenminister am 3.5.1939 durch Molotow ersetzt.

45. Die von Hitler erhobenen Forderungen – Rückkehr Danzigs, Volksabstimmung im sogenannten „Korridor" zwischen dem Deutschen Reich und Ostpreußen, exterritoriale Autobahnen und Eisenbahnlinien – waren rein taktischer Natur und sollten einen Keil zwischen Polen und

National Zeitung

Organ der Nationalsozialistischen Deutschen Arbeiterpartei

Samstag, 30. September 1939

Jahrgang 10 / Nummer 270

Deutsch-russische Friedensbereitschaft

Deutschland und Sowjetrußland werden den Kriegshetzern zu begegnen wissen

Ribbentrop über das Abkommen

Endgültige Grenzfestlegung

× Moskau, 29. September. (Drahtb.) Vor seinem Abflug aus Moskau gab der Reichsminister des Auswärtigen, von Ribbentrop, dem Vertreter des DNB. sowie für die TASS. und die Auslandspresse folgende Erklärung ab:

„Mein Aufenthalt in Moskau war wiederum kurz, leider zu kurz. Das nächste Mal hoffe ich länger hierzubleiben. Trotzdem haben wir die zwei Tage gut ausgenutzt. Folgende Punkte wurden geklärt:

1. Die deutsch-sowjetische Freundschaft ist nunmehr endgültig etabliert.

2. In die osteuropäischen Fragen werden sich die beiden Nationen niemals mehr hereinreden lassen.

3. Beide Staaten wünschen, daß der Friede wiederhergestellt wird und daß England und Frankreich den völlig sinnlosen und aussichtslosen Kampf gegen Deutschland einstellen.

4. Sollten die Kriegshetzer in diesen Ländern aber die Oberhand behalten, so werden Deutschland und Sowjetrußland dem zu begegnen wissen."

Der Reichsaußenminister erwähnte dann noch die großzügige Wirtschaftsplanung, die zwischen der deutschen und der sowjetrussischen Regierung gestern vereinbart wurde und die sich zum Vorteil beider großen Mächte auswirken wird.

Zum Schluß sagte von Ribbentrop: „Die Verhandlungen fanden in einer besonders freundschaftlichen und großzügigen Atmosphäre statt. Vor allem aber möchte ich des überaus herzlichen Empfanges gedenken, der mir seitens der Sowjetregierung und besonders durch die Herren Stalin und Molotow zuteil wurde."

Der Reichsminister des Auswärtigen, von Ribbentrop, ...

Gegen 18 Uhr traf Reichsaußenminister von Ribbentrop, aus Moskau kommend, wieder auf dem Flughafen Tempelhof ein, wo sich zur Begrüßung des Reichsaußenministers der Staatssekretär von Weizsäcker mit den leitenden Beamten des Auswärtigen Amtes und den Mitgliedern des persönlichen Stabes eingefunden hatte. Reichsaußenminister von Ribbentrop begab sich vom Flughafen Tempelhof aus zum Führer zur Berichterstattung. Um 14.45 Uhr erfolgte eine Zwischenlandung in Königsberg, wo Reichsaußenminister von Ribbentrop von Gauleiter Koch begrüßt wurde.

Die Besprechungen zwischen dem Reichsminister des Auswärtigen von Ribbentrop und den sowjetrussischen Staatsmännern, dem Regierungschef und Außenkommissar Molotow und Herrn Stalin, wurden, wie wir bereits kurz meldeten, in Gegenwart des deutschen Botschafters in Moskau, Graf von der Schulenburg, im Laufe der Nacht von Donnerstag auf Freitag zu Ende geführt.

Als Ergebnis der Verhandlungen sind folgende Vereinbarungen unterzeichnet worden:

(Fortsetzung auf Seite 2)

Erfolgloser britischer Fliegerangriff

Fünf von sechs Flugzeugen abgeschossen

× Berlin, 29. September. (DNB.) Heute morgen griffen sechs britische Kampfflugzeuge deutsche Seestreitkräfte bei Helgoland ohne jedes Ergebnis an.

Auf dem Abflug nach Westen wurden sie von deutschen Jägern gestellt. In einem kurzen Luftkampf wurden fünf britische Flugzeuge abgeschossen; sie sind über See abgestürzt.

× Berlin, 29. September. (Drahtb.) Das Oberkommando der Wehrmacht gibt bekannt:

Im Verlauf der planmäßigen Bewegung über die Demarkationslinie wurde am 28. September Przemysl-Süd durch den deutschen Kommandanten in feierlicher Form an die russischen Truppen übergeben.

Der Ausmarsch der entwaffneten Besatzung von Warschau beginnt heute abend und wird sich auf zwei bis drei Tage erstrecken.

Der Einmarsch der deutschen Truppen ist daher für den 2. Oktober vorgesehen. Hilfsmaßnahmen für die Verpflegung und sanitäre Versorgung der Zivilbevölkerung sind eingeleitet.

Die Festung Modlin hat unter dem Eindruck der deutschen Angriffe sowie als Folge der Zermürbung durch Artilleriefeuer und Bombenabwürfe bedingungslos kapituliert. Die Einzelheiten der Uebergabe werden nach Weisung der Heeresgruppe Nord durch das vor Modlin eingesetzte Korpskommando festgelegt. In der Festung befinden sich etwa 1200 Offiziere, 30 000 Mann, 4000 Verwundete.

Im Westen Erdkampftätigkeit wie bisher.

Im Luftkampf wurden bei ... bei Osnabrück ein ...

... kräfte heruntergeholten britischen Flugzeuge auf 24. Die deutsche Luftwaffe hat auch dort, wo sie sich nach der raschen und gründlichen Erledigung ihrer Aufgaben in Polen darauf beschränkt, feindliche Flüge abzuwehren, sehr beachtliche Erfolge erzielt. ...

Politik gemeinsamer Interessen

E. Sch. Der Blitzkrieg gegen Polen ist zu Ende. Die letzten Widerstandszentren sind gefallen. Nur ein Monat ist verstrichen, seit unsere Regimenter die polnische Grenze überschritten, und schon rollen in langen Zügen und Kolonnen die Transporte in die Heimat zurück, wo die siegreichen Truppen des polnischen Feldzuges, die der Wehrmacht des Großdeutschen Reiches den ersten Lorbeer einbrachten, ein jubelnder Empfang erwartet. Die ganze zielsichere und durchschlagende Schnelligkeit, welche die militärischen Operationen gegen Polen auszeichnete, ist auch das Kennzeichen der politischen Liquidation des durch Polen vom Zaun gebrochenen Konfliktes. Deutschland und Rußland, die in gemeinsamer militärischer Aktion den polnischen Zwischenstaat beseitigten, haben in nüchterner Erwägung der beiderseitigen Interessen im polnischen Raum eine Linie abgesteckt, welche gegenüber der ursprünglich als Demarkationslinie zwischen den beiden Armeen festgelegten Weichsellinie erheblich weiter östlich verläuft und den größten Teil der polnischen Bevölkerung in der deutschen Sphäre zusammenfaßt, während Rußland die weißrussischen und ukrainischen Gebiete seinem Territorium einverleibt. ... allein von Deutschland bestimmt.

Deutschland und Rußland sind in der vergangenen Geschichtsperiode vielfach gemeinsam vorgegangen. Historiker stellen mit Recht fest, daß diese Zeiten gemeinsamer Allianz und Freundschaft stets für die beiden Länder höchst fruchtbare Ergebnisse zeitigten. Eine solche Erneuerung der beiderseitigen freundschaftlichen Zusammenarbeit hat sich nun seit Monaten bereits zwischen Großdeutschland und der Sowjetunion angebahnt. Wenn die westlichen Demokratien in blindwütigem Haß gegen Deutschland nicht so völlig verblendet gewesen wären, so hätten sie schon aus der großen ...

Bericht der Nationalzeitung vom 30.9.1939

hen. Der Pole lehnte Verhandlungen ab. Polen, England und Frankreich wollen keine Benachrichtigung erhalten haben, während Deutschland das Gegenteil behauptet. Wer hat nun Recht und wer lügt? Darüber kann nur die Zukunft entscheiden.

Jetzt die eine Frage: warum mußten die 14 Punkte grad vor Toresschluß in die Debatte geworfen werden, warum nicht schon zu der Zeit, als England und Frankreich die Entscheidung Polen noch nicht überlassen hatte. Dann hätte es sich klar gezeigt, wer für den Frieden zu haben war und wer der Unruhestifter war, während man jetzt immer noch kein klares Bild hat. Dann wäre es noch früh genug gewesen, während es jetzt zu spät ist und kein Zurück mehr gibt. Der Krieg ist entfesselt. An der Ostfront hat er schon eingesetzt. Frankreich und England haben die allgemeine Mobilmachung ausgerufen. Lange wird's nicht mehr dauern, dann beginnen auch im Westen die Kampfhandlungen und die Flugzeuge werden auch in das Hinterland vorstoßen.

Hitler hat erklärt, vorläufig würden nur militärische Ziele bombardiert. Wenn dieser Grundsatz allgemein gehalten würde, wäre vieles gewonnen und nichts gewonnen. Wo fangen die militärischen Ziele an und was betrachtet man alles als den kriegerischen Zwecken dienend? Wieviele Ortschaften und Städte und Industrien sind mit Flak gespickt, hier ist also ein Trennungsstrich zu ziehen. Und wird überhaupt eine Grenze gezogen werden können? Wenn die Fanatik herrscht ist die Vernunft zum Teufel. Man könnte mit Goethe heute sagen: Vernunft wird Unsinn, Wohlfahrt Plage, wehe dir, das du ein Enkel bist.

Wenn einmal der Militarismus herrscht, dann geht meistens das Menschliche verloren und alle Mittel sind recht um den Sieg zu erringen. Man sieht es ja, Pakte werden abgeschlossen, zwischen Gegnern, die man gestern beschimpfte. Ob noch nicht bald in den Kirchen für den Sieg der vaterländischen Waffen gebetet wird, in Deutschland, Frankreich, England und Polen und Italien. Rußland ja wohl nicht, denn die Gottlosenbewegung betet ja nicht. Welchem Volk soll denn der kath. Gott den Sieg geben? Polen und Frankreich fast ganz katholisch, Italien fast ganz katholisch und Deutschland jetzt fast die Hälfte. Ein böses Zeichen und ein großes Dilemma.

die Westmächte Großbritannien und Frankreich treiben. In einer Besprechung mit den Oberbefehlshabern von Heer, Luftwaffe und Marine am 23.5.1939 hatte er dagegen seine eigentlichen Absichten dargelegt: „Danzig ist nicht das Objekt, um das es geht. Es handelt sich für uns um Arrondierung des Lebensraumes im Osten und Sicherstellung der Ernährung."

Und warum wieder müssen Menschen sterben und verderben? Wegen eines Landfetzens, den sich zwei streitig machen, so heißt es. O nein, die Ursache liegt tiefer. Aber um die Ursache zu erklären, dazu genügt nicht ein Tagebuch. Dazu müßte man schon ein ganzes Buch schreiben um die eigentliche Ursache der Kriege und auch dieses Krieges zu schildern. Wer sich dafür interessiert soll sich die nötige Literatur beschaffen. Allerdings wird das in Deutschland schwierig oder unmöglich sein, da diese Literatur in Deutschland wohl nicht jedem mehr zugänglich ist.

Wenn man nun wieder hört, daß das Abhören fremder Sender mit Zuchthausstrafe bedroht wird und wer diese Nachrichten weiterverbreitet mit dem Tode bedroht wird, wird erkennen müssen, daß um Deutschland eine Mauer gezogen wird, keine chinesische, sondern eine Mauer geistig gesehen, damit kein Gift von außen eindringen kann. Ob der Moskauer Sender hier auch einbegriffen ist? Bei der jetzt dicken Freundschaft müßte man doch eine Ausnahme machen. Einenteils mag es richtig sein die Sender zu verbieten, anderenteils gibt man aber auch allen Vermutungen Raum, denn wir wissen ja aus Erfahrungen aus dem vergangenen Krieg 1914-18, daß nie mehr gelogen wird wie im Kriege. Wenn man all die versenkten Tonnenzahlen, all die Gefangenen die gemacht wurden, also wenn man alle diese gemeldeten Zahlen zusammen zählte, dann gab es gar nicht soviel Schiffsraum auf der Welt und so viel Soldaten wie gefangen gemacht wurden.

Nichts destoweniger ist es zu bedauern, daß man das Volk so gering einschätzt. Wundern braucht man sich ja nicht darüber, denn in Deutschland darf ja jeder nur auf Befehl handeln. Das Volk der Dichter und Denker (wie man das deutsche schon mal genannt hat) repräsentiert nur noch die Partei. Alles andere ist Plebs[46].

Und wie steht es nun mit der Entlassung der politischen Gefangenen

Und wie sieht es aus? Wem sind die 90 Milliarden für Aufrüstung abgepresst, um sie jetzt zu verpulvern.

Muß Deutschland eine Schuldenlast haben.

20.9.39

Seit meiner letzten Eintragung sind sehr ereignisreiche Tage vergangen. In nicht ganz drei Wochen ist Polen bereits schachmatt gesetzt und bis Warschau in unserer Hand. Und nun tritt etwas ein was in der Geschichte

46. Plebs (lat.), im römischen Staat Bezeichnung für den nicht zum Adel, den „Patriziern", zählenden Teil des Volkes. Umgangssprachlich gleichbedeutend mit: niederes Volk, Pöbel

selten vorgekommen ist. Rußland erklärt seine strikte Neutralität, marschiert in Polen ein und wo sich die Polen wehren, kommt es zu Kampfhandlungen. Rußland sagt, sie müssen ihre Minderheiten schützen und da Polen keine Regierung mehr sei, für Ruhe und Ordnung zu sorgen und sie wieder herstellen[47]. Ob das nun Tatsache ist oder nur Vorwand, jedenfalls ist wieder zu verzeichnen, daß Gewalt vor Recht geht. Was soll es nun geben; werden die beiden Partner, die sehr ungleich sind, das Fell unter sich verteilen. Wird es wieder gehen wie 1918, daß man wieder kleine Staaten schafft, oder was wird es geben? Jedenfalls eins ist sicher, wie dieser Konflikt auch auslaufen mag, der Keim zu neuen Konflikten ist damit schon wieder gelegt. Ein ewiger Kreislauf. Rüstungen den Völkern abgepresst, dafür leiden sie Hunger. Auf einmal Krieg, das Geschaffene wird vernichtet, und schon geht es wieder von vorne an. Rüsten u.s.w. und jede Generation hat ihren Krieg. Die Völker müssen bluten. Das nennt die Welt dann Kultur.

Gestern hielt Hitler eine große Rede in Danzig. Das ist heute so üblich. Die Rede erfolgt immer vor vielen Tausenden und ist stets von Jubel begleitet. Wehe auch demjenigen der öffentlich daran Kritik üben wollte. Was würde dem wohl passieren. Die neuesten Gesetze und Verordnungen strotzen nur von den Sätzen: Wer dieses und jenes tut, wer dieses und jenes unterläßt u.s.w. wird mit Zuchthaus oder mit dem Tode bestraft. Ein herrliches, freies Leben.

Und die Arbeiter, wie haben die es heute gut. Prozente für Überstunden werden nicht mehr bezahlt. Überhaupt braucht sich der Arbeiter um die Höhe seines Lohnes nicht mehr bekümmern, da wird von oben sehr „wohlwollend" für gesorgt. Der Arbeiter hat nur dafür zu sorgen, daß er genügend Leistung macht. Welch ein Unterschied. Früher hatten die Arbeiter durch ihre Gewerkschaften Einfluß, heute müssen sie alles hinnehmen, wie es kommt. Und schuld sind diejenigen daran, die die Arbeiterklasse schon früher und auch jetzt wieder verraten haben, die K.P.R.[48]. Ob man die Entwicklung mitmachen muß? Nein, ich glaube es nicht.

Wenn ich heute wieder meinen körperlichen Zustand betrachte, dann fühle ich, wie es jeden Tag bergab geht. Wenn ich mich nicht mit eiserner Ernergie aufrecht hielt, dann könnte ich längst bettlägerig sein. Alles taugt nichts mehr an mir. Magen, Darm, Nerven und was das schlimmste ist, jetzt fängt es auch mit der Brust an. Schließlich ist das Herz auch nichts mehr

47. Siehe Anmerkung 43
48. K.P.R. = Kommunistische Partei Rußlands

wert und so wird es wohl kommen, daß der Herbst oder Winter mich mitnimmt. Ich glaube die meisten Menschen glauben nicht an meine Krankheit da ich gar nicht so schlecht aussehe; aber sie können meinen Zustand nicht beurteilen, weil sie sich an mein Aussehen von früher nicht erinnern. Es ist nicht sehr schön für einen Simulanten oder einen Schlappstiefel gehalten zu werden. Wie schön wäre es, wenn man noch so wie früher an alle die Dinge herangehen könnte. Aber was soll man machen? Dauert der Krieg länger, so wird er unweigerlich unter uns alte Generation aufräumen. Na ja, zu erwarten haben wir ja auch nicht mehr viel vom Leben, nur Leid und Elend. Und wohl dem der es überstanden hat. Nur nicht lange leiden, sondern still und schmerzlos, denn Schmerzen habe ich im Leben schon genügend zu kosten bekommen. Wie lange es nun noch währt, wer weiß es? und es ist eigentlich gut, daß wir es nicht wissen, sonst würde man in ewiger Angst leben, anderseits würde es für einen selbstbewußten Menschen auch nicht viel ausmachen. Ich glaube aber, daß ich jeden Tag sagen kann zu meinen Lieben: Lebt wohl! denn so sieht es bei mir aus.

Gerne möchte ich natürlich noch einige Jahre leben und die Entwicklung zu schauen, gerne möchte ich miterleben, daß wieder bessere Tage kommen, aber das liegt noch in weiter Ferne, daß diese Hoffnung sehr vage erscheint. Mag es kommen wie es will.

17.11.1939

Beinahe zwei Monate sind verstrichen, seit ich meine letzten Eintragungen machte. War es Schreibfaulheit, körperliches Unbehagen, oder sonst etwas, was mich daran hinderte, ganz gleich; ich glaube alles hat dazu beigetragen, obgleich die Zeit und die Fülle der Ereignisse genügend Stoff dazu bot und die Geschehnisse direkt mehr im Gedächtnis haften, als wenn eine längere Zeit verstrichen ist.

Der Krieg in Polen ist vorüber und Rußland der frühere Feind und jetzige Freund Deutschlands und wir haben uns den Rotz geteilt. Jetzt geht man daran die einzelnen Bewohner nach Nationalitäten zu sichten und umzusiedeln. Man stelle sich vor, bei den Teilungen Polens im 17. und 18. Jahrhundert, wurden aus den Gebieten der Staaten, die Teile von Polen annektierten, in diesen Gebieten Menschen angesiedelt. Wer kennt nicht die preußische Politik in Posen, Westpreußen u.s.w. Russen wurden in dem Teil angesiedelt, in ihrem gewonnenen Gebiet, ebenfalls in Galizien. Österreicher und Deutsche in Oberschlesien ebenfalls. Also damals beliebte es den Herren anzusiedeln. Heute, nach der dritten Teilung Polens wird wieder umgesiedelt. Jetzt werden die Deutschen ins Reich zurückgeschoben und die anderen nach dort. Menschen sollen verschoben werden, wie die Figuren auf einem Schachbrett. Warum? Angeblich um im Osten den Frieden herzustellen. In Wirklichkeit geht es um größere Machtpositionen und weil ein solches gemischtes Volk ein unsicherer Faktor ist, muß umgesiedelt werden damit die Rechnung aufgeht. Nach den Menschen wird nicht gefragt, ob sie damit zufrieden sind oder nicht, kommt nicht in Frage. Nach der Umsiedlung sollen dann Nationalstaaten gebildet werden. Wieviel kleine Staaten werden da hervorgehen? und Vasallen der großen werden (divide et impera – Teile und herrsche). Das war schon ein Grundsatz der Staatskunst im alten Rom und dieser Grundsatz der Staatskunst beherrscht auch noch heute die Politik.

Früher wurde immer behauptet, daß Machiavelli[49] der Meister der Politik war und das die Machiavellische Politik alles für erlaubt hielt. Heute kann man sagen, daß dieser Grundsatz auch heute noch gilt, ja sogar überholt ist und das Machiavelli ein Waisenknabe und Stümper gegen die heutigen Politiker ist. Man denke sich das kommunistische Rußland und das faschistische Deutschland verschieben Menschen wie Drahtpuppen und beide triefen von Wohlwollen für die Völker. Im vorigen Jahr in Spanien noch gegeneinander und heute, ein Jahr später miteinander. Erkläre mir Graf Orindur, doch diesen Zwiespalt der Natur. Was steckt im Hintergrund? Noch kann man es nicht sagen; aber vielleicht werden es uns die kommenden Jahre zeigen.

Jetzt liegt die Entscheidung im Westen. Wie man hört und liest sollen dort nur wenig Kampfhandlungen sein die von Bedeutung sind und ich glaube, daß vorläufig auch keine großen Ereignisse bevorstehen werden. Aber kommen werden sie nach meiner Auffassung. Doch das Gelüge und Geschimpfe in der Presse und Rundfunk geht ruhig und unverdrossen weiter und ein großer Teil des Volkes glaubt auch unverdrossen daran. Nur Geduld, die Erkenntnis wird schon kommen.

Kommen wird die Erkenntnis wenn der Angriff mal ins Hinterland getragen wird. Wenn man erst mal das Verderbliche des Übernationalismus eingesehen hat; aber dann ist es zu spät. Wenn wir uns die Umschichtung in Polen betrachten, dann müssen wir feststellen, daß nur der überspannte Nationalbegriff alle diese Dinge herbeiführt. Warum können diese Men-

49. Der italienische Politiker und Staatstheoretiker Niccolo Machiavelli (1469–1527) hatte sich in seinem Hauptwerk „Il Principe“ (1513) mit den Grundsätzen einer gegenüber Religion und Sittlichkeit autonomen Staatsräson auseinandergesetzt und die Befreiung des Herrschers von ethischen Normen unter der Voraussetzung des Staatsnotstandes gerechtgertigt. Als Machiavellismus wird allgemein eine von keinen moralischen Bedenken gehemmte, skrupellose Machtpolitik bezeichnet.

schen, die nun schon Jahrzehnte, ja Jahrhunderte zusammenwohnen, keinen Frieden gewinnen? Weil immer wieder der Zankapfel der Nationalität hineingeworfen wird. Ist denn ein Mensch nicht so gut wie der andere und hat er nicht genau dasselbe Recht wie der andere? Diese Zustände können und müssen beseitigt werden, werden aber erst dann beseitigt, wenn der Begriff über alles die Nation beseitigt wird.

Wie sieht es nun im Innenland aus? Mit den Lebensmittelrationen kommt man ja noch so eben aus, wenn man ja auch auf sehr vieles verzichten muß. Wie sieht es nun aus mit dem Schlagwort: Alle für einen oder einer für alle! Vor einigen Wochen kam eine Verordnung heraus, über die Unterstützung der Angehörigen die zum Kriegsdienst eingezogen sind. Bis dahin waren die Unterstützungssätze gleich für alle. Nach dieser Verordnung aber werden die Unterstützungssätze nach dem Verdienst gestaffelt. Wenn nun einer ein sehr hohes Gehalt oder Verdienst hatte, dann bekommt die Familie auch eine hohe Unterstützung. Nur ein Beispiel: ein Angestellter oder ein Angehöriger der freien Berufe hat ein Einkommen von 700 M gehabt, an Miete zahlt er 95 M, die Frau bekommt eine Unterstützung, mit zwei Kinder, von 585 M. Außerdem ist der Mann vielleicht Offizier und bekommt also Offizierslöhnung, die auch ungefähr 100 M betragen wird und wenn man Bekleidung und Verpflegung des Mannes hinzurechnet, dann hat er ein höheres Einkommen, als wenn er seinem Beruf nachginge. Vielleicht sitzt er noch irgendwo in der Etappe und lebt einen guten Tag. Ja, die können den Krieg aushalten. Ob die Arbeiter über diese Dinge auch nachdenken? Gemeinnutz geht vor Eigennutz! Ist das hier auch der Fall?

Wer muß die Gelder nachher wieder aufbringen? Doch das Volk und daher ist es nicht nötig, daß mit dem Geld Schindluder getrieben wird. Ist das nun Nationalsozialismus, dann kann man schon sagen, daß es krasser Egoismus ist.

Noch eins ist zu schlußfolgern. Zu kaufen gibt es angeblich für die hoch Unterstützten nicht mehr wie für die anderen, d.h. an Lebensmitteln, sie können ihr Geld in teuren Sachen anlegen, die nicht rationiert sind. Die gehen aber auch zur Neige. Schließlich geraten sie auf Bahnen, die jedenfalls nicht dem bürgerlichen Moralkodex entsprechen. Sieht man doch jetzt schon wie es in sittlicher Beziehung bei manchem nicht glänzend ist und wie wird es erst aussehen, wenn der Krieg lange dauert. Aber je mehr man hier solche Sachen verordnet, je eher wird der Verfall eintreten.

Nun etwas anderes. Der N.S. baut durch die Arbeitsfront ein sogenanntes Werk für den Volkswagen[50]. Man könnte diesen Schritt, vom soz.[ialistischen] Standpunkt eigentlich gutheißen, da er vielleicht einen Eingriff in die kapitalistische Wirtschaft darstellte. Aber nun kommt die Kehrseite. Wie hat man die Tatsache, daß durch den Vertrag von Versailles die

Reichsbahn eine Aktiengesellschaft wurde zu Propagandazwecken mibraucht. Wie hat man jene beschimpft, die diesen Dingen zustimmen mußten. Wie sollte es anders werden wenn sie die Macht hätten. Es wurde ja auch die Aktiengesellschaft aufgehoben. Und heute nimmt die Reichsbahn eine Anleihe auf, gibt Anteilscheine heraus, die wie Aktien sind und die auch an der Börse gehandelt werden. Also spielt man sie wieder mehr oder weniger dem Privatbesitz zu. Nun hört man aber, daß Krupp, Rheinische Stahlwerke und RWE auch Anleihen aufnehmen wollen. Was bezweckt man damit? Ich befürchte, daß hier für die kleinen Sparer das dicke Ende nachkommen kann. Eine Inflation und das Geld ist hin. Oder wollen die Geldbesitzer in die Sachwerte flüchten? Ich möchte doch wohl glauben, daß der Staat immer noch sicherer ist. Mir soll es gleich sein, ich habe nichts zu verlieren! A.K.

8.12.1939

Ich fange jetzt das zweite Buch an. Ob es aber gelingen wird, daß es noch voll wird, ist eine andere Frage. Ich darf den anderen ja gar nicht sagen, wie miserabel es mir zu Mut ist. Es wird ja schon immer angedeutet, ich müßte mehr Energie aufbringen und mich mehr bewegen. Ja, bewege sich einer mal, wenn jede Bewegung schmerzt.

Vor allen Dingen denke ich auch wieder an Hans. Er möchte mich noch gerne antreffen, wenn er zurückkommt und ob das zutrifft, ist sehr ungewiß.

Diese Tage war auch Herm. R.[51] hier. Alle Achtung vor Hermann. Er hat, seit er frei wurde, nicht viele Tage verstreichen lassen, ehe er mich besuchte. Und die anderen? Ich gönne es Hermann. Begreifen kann man tatsächlich nicht, wie es kommt, daß sie Hans festhalten. Diejenigen die eigentlich die Inspiratoren der ganzen Geschichte waren, kommen frei,

50. Mit dem Bau des Volkswagens (im 3. Reich KdF–Wagen nach der Freizeitorganisation „Kraft durch Freude“ genannt), der in einem eigens errichteten Werk in der „Stadt des KdF–Autos“ (nach 1945 in Wolfsburg umbenannt) in Serie zum Preis eines mittleren Motorrades (rd. 1000 RM) hergestellt werden sollte, wollten die NS–Machthaber die Grundlagen für eine Massenmotorisierung legen, von der sie sich die Förderung von systemstabilisierendem Massenkonsens mit dem Regime erhofften. Wie viele ähnliche Vorhaben kam das Projekt trotz immensen Propagandaaufwandes nicht einmal über bescheidene Anfänge hinaus. Somit entwickelte sich der VW nicht zum Symbol der geplanten NS–Massenmotorisierung, sondern des bundesdeutschen „Wirtschaftswunders“.

51. Gemeint ist Hermann Rotthäuser, der zusammen mit Gustav Streich eine führende Rolle in der Widerstandsorganisation der Essener SPD gespielt hatte und am 9.7.1936 vom Oberlandesgericht Hamm wegen Vorbereitung zum Hochverrat zu 4 1/2 Jahren Zuchthaus verurteilt worden war.

während Hans, der doch eigentlich eine untergeordnete Rolle spielte, festgehalten wird. Entweder hat er selbst eine Dummheit begangen, oder das Weib ist daran schuld. Hermann hat sich, soviel ich aus ihm herausgehört habe, nicht geändert und ich habe auch so etwas nicht angenommen. Mann kann überhaupt die Beobachtung machen, daß sich von den Gewerkschaften (das heißt den freien) und der früheren SPD (im Gegensatz zur KPD) sehr wenige in das gegnerische Lager begeben haben. Von den Funktionären ganz wenige. Es zeigt sich doch, daß die soz. Idee nicht nur an der Oberfläche haften geblieben ist, sondern auch ziemlich tief eindrang. Doch jetzt genug hiervon. Zurück zu den Tagesproblemen.

Schon wochenlang lauten die Heeresberichte immer gleich: Im Westen nichts Neues! Keine großen Kampfhandlungen. Man kann diesen Berichten ruhig glauben, denn vorläufig wird der Krieg auf wirtschaftlichem Gebiet geführt. Erst dann wird es zu großen Taten kommen, wenn einer der Gegner wirtschaftlich nicht mehr weiter kann und gezwungen ist, so oder so alles daran zu setzen den Krieg zu beenden.

Ein großes Ereignis hat sich in Deutschland abgespielt. Am 9.11. wurde im Bürgerbräukeller, ein großes Attentat verübt und einem **glücklichen** Zufall ist es zuzuschreiben, daß nicht ein Teil der deutsch. Regierung und Führer der herrschenden Partei zum Opfer gefallen sind. Die Zeitungen schreiben, daß das Attentat auf englischen Einfluß zurückzuführen sei[52]. Mag sein. Wenn es aber wahr ist, daß Otto Straßer[53] dahinter steckt, dann

52. Das Attentat auf Hitler im Bürgerbräukeller, wo dieser mit den „alten Kämpfern" der NSDAP alljährlich des gescheiterten Putsches vom 8.11.1923 gedachte, wurde von einem Einzeltäter, dem Schreinermeister Johann Georg Elser, verübt. Da die deutsche Abwehr fälschlicherweise den britischen Secret Service hinter dem Attentat vermutete, wurden noch in der Nacht des Attentates die beiden britischen Agenten Best und Stevens von der SS in Venlo/Holland gekidnappt und über die deutsche Grenze entführt. Eine Verbindung des Attentäters Elser, der am 9.4.1945 im KZ Dachau ermordet wurde, zu britischen Stellen hatte jedoch nie existiert. Aus propagandistischen Gründen wurde der deutschen Öffentlichkeit jedoch ein abenteuerliches Beziehungsgeflecht zwischen dem Attentäter Elser, Otto Strasser und den beiden Agenten des Secret Service suggeriert.

53. Otto Strasser (1897–1974), ursprünglich Sozialdemokrat, war mit seinem Bruder Gregor Strasser bis zu seinem Austritt aus der NSDAP Wortführer des „linken" Parteiflügels gewesen, der sich auf die antikapitalistisch–sozialistischen Akzente im Parteiprogramm der NSDAP von 1920 berief.
Nach seinem 1930 erfolgten Austritt gründete Otto Strasser die „Kampfgemeinschaft revolutionärer Nationalsozialisten", später in „Schwarze Front" umbenannt, die der NSDAP Verrat an den sozialistischen Prinzipien vorwarf und am 4.2.1933 als erste politische Gruppierung von den NS–Machthabern verboten wurde. Nach seiner Emigration 1933 nach Österreich und später in die Tschechoslowakei, Frankreich und Kanada setzte Otto Strasser seine Agitation gegen das Dritte Reich fort, während Gregor Strasser, der am 8.12.1932 alle Parteiämter niedergelegt hatte, am 30.6.1934 im Rahmen der Mordaktion gegen die SA–Führung umgebracht wurde.

braucht man sich nicht zu wundern. Wer denkt heute noch an die Röhm, Heines u.s.w.[54] und man möchte eigentlich sagen, wie es in der Bibel steht: Wer durch das Schwert sündigt, wird durch das Schwert umkommen. Gewalt erzeugt wieder Gewalt und wer mit Meuchelmord Politik macht, braucht sich nicht zu wundern, wenn er mit denselben Mitteln bekämpft wird.

Ob das nun die Politik ist, die in das 20. Jahrhundert hineinpaßt möchte ich bezweifeln; aber nur durch Erkenntnis wird man zu besseren Methoden kommen. Ob es besser gewesen wäre. Vielleicht, vielleicht auch nicht! Schnell ist die Kugel aus dem Lauf, aber einmal hinaus ist sie im Fluge nicht mehr aufzuhalten. Man soll hier nicht mit Haß urteilen, sondern sich nur von nüchternen Erwägungen leiten lassen. Wenn irgend ein Übel da ist, dann ist es besser, es sobald wie möglich zu beseitigen ehe es zu tief eingerissen ist und die Schäden zu groß geworden sind. Es kann aber auch manchmal durch ungeeignete Mittel das Übel vergrößert werden.

Im Inneren Deutschlands ist alles ruhig. Kirchhofsruhe! Wer nicht tut wie die da oben wollen, wird mit Zuchthaus bestraft. Verrat mit dem Tode u.s.w., u.s.w. Diese wird nicht nur durch Gesetze gemacht, ist nicht mehr nötig, eine Verordnung genügt und schon sind die Zuchthausparagraphen da. Wenn man einen Vergleich zieht, zwischen der Zeit 1914-18 und jetzt, und sich die Zeitungsartikel von damals und die von heute sich vor Augen führt, dann fällt einem sofort das Zitat wieder ein: Schmok kann links, und Schmok kann rechts. So wie sich damals Schreiberlinge fanden, die beweisen wollten, daß mit 20 Gramm Fett ganz gut zu leben sei, pro Woche und pro Kopf und daß es gesund sei, einfacher zu leben und keinen so hohen Verbrauch an Fett und Fleisch zu haben, so schrieben sie alles mögliche zusammen um nur der damaligen herrschenden Sippe gefällig zu sein. Wissenschaftler gaben sich dazu her, alles wissenschaftlich beweisen zu wollen. Genauso finden sich heute wieder Kreaturen, die auch beweisen wollen, daß das deutsche Volk zu üppig lebt. Will man auch heute wieder der herrschenden Gewalt schmeicheln, oder dringt das Grollen schon zu sehr an die Oberfläche und muß man versuchen zu betäuben? Soll man doch einfach sagen: Wir haben eben nicht mehr und müssen uns einschrän-

54. Am 30. Juni 1934 waren der SA-Stabschef Ernst Röhm, der SA-Obergruppenführer und Breslauer Polizeipräsident Edmund Heines und viele hohe Führer der SA wegen angeblicher Putschabsichten verhaftet und erschossen worden. Die nach der Etablierung der nationalsozialistischen Herrschaft funktionslos gewordene SA, der Absichten einer „Zweiten Revolution", insbesondere aber die Umgestaltung der Reichswehr in ein Volksheer unter SA-Führung nachgesagt wurde, war einem Komplott von SS, Teilen der NS-Führung und der Reichswehr zum Opfer gefallen.

ken, das ist ehrlich. Man soll keinen Lappen drumdrehen und beschönigen, sondern sagen wie es ist. Aber das ist Kriegspropaganda. Wie heißt es in „Mein Kampf". Hätte ich in der Kriegspropaganda-Abteilung (1914-18) gearbeitet, hätte ich mehr nützen können, als an der Front und die Propaganda wäre besser gewesen und der Krieg wäre anders ausgelaufen. Welch ungeheurer Schaden für Deutschland.

Zwei interessante Ereignisse sind in den letzten Wochen noch zu verzeichnen. Einmal das Abkommen der baltischen Truppen mit Rußland. Die Besetzung derselben mit russischen Truppen, um die Zugänge zu den Häfen zu sichern. Praktisch gesehen kommt das eigentlich einer Okkupierung gleich, denn die baltischen Staaten sind jetzt gezwungen, zu tun, wie Moskau will. Andernfalls wird es heißen: und folgst du nicht willig, so brauch ich Gewalt. Wie lange wird es noch dauern, dann sind sie keine selbständigen Staaten mehr und Rußland verleibt sie sich ein. Muß dann auch wieder umgesiedelt werden? Wirtschaftlich und militärisch stehen sie jetzt schon, trotz gegenteiliger Erklärungen unter der Botmäßigkeit Rußlands und sie werden bald jede eigne Freiheit verloren haben.

Adolf, wo bleibt aber dann das Deutschtum in den baltischen Staaten, für das doch so viele gekämpft und geblutet haben, in den damaligen Baltikumkämpfen[55]? Man hat in den letzten Jahren noch die Baltikumkämpfer geehrt und mit Orden geschmückt und jetzt gibt man das Deutschtum preis, an jene die damals die Gegner der Baltikumkämpfer waren. Politik ohne Grundsätze.

Das andere Ereignis ist noch viel interessanter. Rußland hat vor einiger Zeit einen Nichtangriffspakt mit Finnland abgeschlossen. Rußland, ein Staat von 170 Millionen und Finnland ein Staat von nicht ganz 6 Millionen Einwohner. Finnland ist ein Land mit viel Waldungen und Rohstoffen und wenig Landwirtschaft. Durch Grenzzwischenfälle, angeblich von Finnland herbeigeführt (wenn es nur nicht umgekehrt ist), marschiert Rußland in Finnland ein, mit der Motivierung[56], Petersburg sei von Finnland bedroht und Kriegshandlungen fanden statt. Die finnische Regierung ist geflohen nach einem anderen Ort. Sie hatte die schwedische Gesandschaft mit der Vertretung ihrer Interessen betreut. Rußland lehnt es ab, Schweden als Interessenvertretung anzuerkennen. Also wenn man die Dinge objektiv betrachtet, muß man feststellen, daß genau wie Italien im Mittelmeer

55. In der Hoffnung, im Baltikum Siedlungsland erhalten zu können, hatten nach dem 1. Weltkrieg tausende deutscher „Baltikumkämpfer" in Freikorps für die Loslösung der baltischen Staaten vom russischen Staatsverband gekämpft.

56. Motivierung = Begründung

Rußland die Obergewalt in der Ostsee haben will. Dazu mußte sie erst die baltischen Staaten besetzen und sie sich dienstbar machen. Dazu hat sie den finnischen Konflikt herbeigeführt und wird diese Staaten zur russischen Protektoraten machen, oder sich ganz einverleiben.

Jetzt liegen auch noch andere Staaten an der Ostsee. Zuerst Deutschland, dann Schweden, Norwegen und Dänemark. Will Rußland die Ostsee allein beherrschen, so ist sie gezwungen die drei nordischen Staaten auch unter ihre Botmäßigkeit zu bringen und bei der heutigen Skrupellosigkeit mit der die Diktatoren über kleine Staaten hinweggehen, ist das nur eine Frage der Zeit. Wird man aber dann nicht mit Deutschland in Konflikt kommen; oder haben die beiden heutigen Partner sich schon über die Verteilung der neuen Beute geeinigt. Das sind wohl die Ziele die der russische Imperialismus sich gesetzt hat, seitdem er im Osten (Mongolei, Mandschurei) seine Ziele nicht durchsetzen konnte und ihm Japan und China den Rang abgelaufen haben. Ferner glaubt Rußland wohl durch seinen Gegensatz zu England im fernen Asien den Vorrang den England hat, wieder ein- oder überholen zu können.

Wenn man objektiv urteilt muß man feststellen, daß die bolschewistischen Regierungsmänner diesselbe Politik aufgreifen wo das zaristische Rußland aufgehört hat, genau wie Hitlerdeutschland die Politik des kaiserlichen Deutschland fortsetzt. Wer sich darüber wundert hat die Augen verkleistert und sieht nichts. Dasselbe Programm, nur andere Akteure.

Wundern muß man sich nur darüber, daß die anderen Völker nicht hellhörig werden. Gestern hat die Zeitung einen Artikel des holländischen Blattes „Telegraph“ abgedruckt, der besagte (in Betrachtziehung des russisch-finnischen Konflikts), die kleinen neutralen Staaten täten gut daran, sich ihren großen Nachbarn und deren Wünschen anzupassen, wenn sie ihre Selbstständigkeit behalten wollen. Mit Behagen stimmten sie dem Artikel zu. Ob der Telegraph so geschrieben hat, wissen wir nicht. Wo bleibt aber die Neutralität in solchem Falle? Oder nehmen wir Belgien, Holland, Luxemburg. Welchem großen Nachbarn sollen sie sich anpassen da sie sowohl nach Westen wie nach Osten große Nachbarn haben. Ebenfalls geht es Norwegen, Schweden und Dänemark so. Auch Bulgarien, Rumänien, Griechenland und Jugoslawien kommen dann ins Gedränge, da sie an Italien, Deutschland und auch zum Teil an Rußland grenzen. Man sieht wohin der ewige Übernationalismus führt. Autarkie und Abschließung führt zum ewigen Krieg. Nur Sozialismus und die Beseitigung der Grenzen kann zum Frieden führen. A.K.

Weihnachten 1939

Wieder klingen die Glocken von den Türmen. Wiederum tönt es von allen Altären und klingt es durch die ganze Welt: „Frieden auf Erden und den Menschen ein Wohlgefallen, die guten Willens sind!“ Die alte Weihnachtsmär, die alte Weihnachtslegende geht wie jedes Jahr durch das Land und wieder singen und jubeln die Kinder und die Weihnachtsweisen erklingen unter dem Weihnachtsbaum. Und der Gegensatz! Wir haben wieder ein Kriegsweihnachten. Christ ist erstanden! Nein wir wollen es ganz sagen: Welt lag in Banden, Christ ist erstanden. Freue dich o Christenheit! So tönt es nun schon seit über 1.900 Jahren über die Welt und Millionen und nochmals Millionen glauben an diese Worte, die der Friedensfürst gesprochen haben soll und wenn man nun die Jahrhunderte zurückwandert, was findet man dann, daß die Geschichte dieser Jahrhunderte von Blut geschrieben sind. Vom Altertum bis zur Neuzeit. Ehe das Christentum zur Geltung kam, gab es Kriege, Rassenkriege, Eroberungskriege, Dynastienkriege, Bürgerkriege, oder Kriege über die Macht im Staate, Kriege um die Wirtschaft u.s.w.

Nun wurde unter Konstantin dem Großen das Christentum Staatsreligion[57] und man hätte nun glauben sollen, daß nun die vielen Kriege eingeschränkt würden. Aber nein, auch diese Jahrhunderte sind immer wieder durch verheerende Kriege gekennzeichnet. Hier ist der Beweis, daß keine Religion und keine Kirche imstande ist, Kriege zu verhindern. Haben wir doch zu verzeichnen, daß selbst in den Jahrhunderten, da der sogenannte Kirchenstaat äußerst mächtig war, er selbst genügend Angriffskriege geführt hat, nicht nur im 11., 12. und 13. Jahrhundert, nein bis ins späte Mittelalter hinein, bis ihre Macht in weltlicher Beziehung gebrochen war, und das geschah erst in den Kämpfen um ein einiges Italien und zwei Namen sind in diesen Zeiten berühmt geworden: Cavour und Garibaldi.

Seit der Zeit waren sie ausgeschaltet. Mit den Waffen konnten sie nicht mehr kriegen, nur noch mit geistigen. Wer kennt nicht die großen Bauernkriege, wer erinnert sich nicht an den 30jährigen Krieg, der angeblich ein Religionskrieg war, in Wirklichkeit aber ein Dynastienkrieg und Eroberungskrieg aller großen und kleinen Potentaten, die ihr Land und ihre Hausmacht vergrößern wollten. Auch die damalige überlebte Wirtschaft drängte nach einer Änderung und das sind wohl die wirklichen Ursachen des Krieges. Man sieht daß die Kirchen nicht imstande waren, den Krieg zu beendigen durch ihren Einfluß und erst als die Länder total verwüstet, ausgesogen und auch durch Mangel an Menschenmaterial fand er sein Ende.

57. Das Christentum wurde erst 391, 54 Jahre nach dem Tod Kaiser Konstantins, vom römischen Kaiser Theodosius zur Staatsreligion erhoben.

Und nun betrachten wir die Neuzeit, das 18., 19. und 20. Jahrhundert. Alle wechseln sich mehr oder weniger ab, einmal eine Kriegszeit und dann wieder eine Friedenszeit. In dem 18. und 19. Jahrhundert wurden ja die Kriege mehr zwischen den einzelnen Staaten geführt, und vor allen Dingen wirkten sie nicht so verheerend. Man kannte noch mehr oder weniger eine humane Kriegsführung.

Im 20. Jahrhundert aber, das in den ersten 40 Jahren schon eine Anzahl von Kriegen gehabt hat, hing im großen Krieg 1914-18 die ganze Welt aneinander und die Humanität war nicht mehr vorhanden. Wir brauchen hier bloß an den Gaskrieg, die großen Geschütze und die Bombardierung mit Luftbomben der großen Städte London, Paris u.s.w. ebenso wie der rheinischen Städte zu denken, so sehen wir, wie die Humanität mit der Dauer des Krieges immer mehr verloren geht, jedes Mittel zum Sieg wird angewandt.

Dann hatten wir den Bürgerkrieg in Rußland, der mit der brutalsten Gewalt von den Roten sowohl wie den Weißrussen geführt wurde. Man hat auf die Roten geschimpft, sie Mörder u.s.w. genannt, aber die Weißrussen haben es genau so gemacht. (Heute verbündet man sich damit).

Und nun 20 Jahre später, haben wir schon wieder einen Krieg der allerdings noch sehr human geführt wird; aber wie lange wird es dauern und es werden schärfere Mittel angewandt werden. Nun taucht die Frage auf, wo doch wiederum das Wort „Frieden auf Erden“ ertönt, hat es Einfluß auf den Gang der Geschichte? Die das Wort predigen haben schon mal Einfluß gehabt; aber da haben sie die Kriege auch nicht verhindern können oder verhindern wollen, heute aber haben sie keinen Einfluß mehr. Alles dieses beweist, wie ich schon sagte, daß die Religionen und Kirchen die Kriege nicht verhindern können. Warum nicht? Weil sie nicht in einer einzigen Gesellschaft vereinigt sind, sondern in jedem Staat in so vielen Gemeinschaften zersplittert sind. Nur eine Gesellschaft die auf der ganzen Welt die Mehrheit der Menschen ausmacht, kann den Friedensgedanken verwirklichen. Diese Gesellschaft muß allerdings noch erst entstehen und darüber können Jahrzehnte, ja Jahrhunderte vergehen.

Wie und warum führt man nun denn eigentlich Kriege? Hat das Volk d.h. das arbeitende Volk, eigentlich Nutzen davon? Hier sagt man England ist schuld oder Frankreich, dort sagt man, Deutschland ist der Störenfried. Hier sagt man Englands Weltmacht muß vernichtet werden, dort sagt man, Deutschland strebt die Weltmacht an. Hier sagt man, Englands Kapitalisten stecken dahinter und was noch alles mehr von Gründen angeführt werden. Ja ist Deutschland kein Land mit Kapitalisten, hat Italien, Spanien, gleich welch ein Staat, je sogar Rußland eine Verfassung, oder eine Regime, woran keine Kapitalisten Einfluß haben, nein, also warum diese Redensarten? Es geht doch um die Rohstoffe Oel, Eisen, Kohle, Kupfer, Wolle, Baumwolle, Gummi u.s.w. und so weiter.

Ist der Arbeiter in der Lage, Besitzer der Rohstoffe zu werden? In der heutigen Gesellschaftsform nicht, denn die Mittel dazu hat nur der Kapitalist und nur der große oder ganze große Kapitalist, folglich ist er der größte Interessent und wenn die ganze Welt (nicht der Arbeiter) nach diesen Rohstoffen schreit, dann ist die Welt auch mitschuldig am Kriege. Dieses Drängen nach Raum und Rohstoffen ist die eigentliche Ursache, und vor allen Dingen, das Privateigentum, also wiederum mit anderen Worten, die Gesellschaftsform.

In den letzten 25 Jahren ist die Technik so vervollkommnet, daß bei genügend Anbaufläche, viel mehr Waren und Gebrauchsgüter erzeugt werden können, als wie verbraucht werden können. Hier muß eingeschaltet werden, daß das nicht in jedem einzelnen Staate zutrifft, jedoch alle Kulturstaaten zusammengenommen ist das unbedingt der Fall.

Ist dieses nun tatsächlich so, woran liegt es dann, daß Staaten die Anbaufläche und Rohstoffe haben, Arbeitslosigkeit haben, als Menschen Mangel müssen leiden, woran liegt es, daß Staaten die keine genügende Anbaufläche und Rohstoffe haben, trotz ihrer Arbeit die Arbeiter Mangel leiden. Wiederum an der Gesellschaftsform. Letztere Staaten müssen sich mit Ersatzstoffen behelfen und auch ihr Klima bringt nicht diejenigen Produkte hervor, die sie haben müssen. Die Produktion ist daher viel teurer, wie die der sonstigen Welt und daran leidet dann die gesamte Bevölkerung. Nur die großen Verdiener leiden nicht so sehr darunter. Um nun diesem abzuhelfen, streben sie nach Raum und Rohstoffe und wenn sie diese nicht auf friedlichem Wege erreichen können, dann wird eben Gewalt gebraucht (Italien, Japan). In früheren Jahren England und Frankreich.

Da nun die Rohstoffquellen schon in fester Hand sind, kommt es zum Kriege. Wäre das notwendig? Nein! Wenn man guten Willens wäre, dann könnte Handel und Verkehr allen Ländern die nötigen Produkte liefern; aber hier kommt wieder der kapitalistische Pferdefuß. Es müssen an der Ware so und so viel Prozent verdient werden, sonst lohnt sich das Geschäft nicht. Die Strecken des Landes bleiben brach liegen, weil der Anbau sich nicht lohnt und die Arbeiter sind arbeitslos dort die Produktion überteuert, man schafft künstlich Arbeit; aber eine wirkliche Befriedigung des Arbeiters gelingt auch nicht. Warum nicht? Weil eigentlich die Welt nur einen Wirtschaftsraum darstellen sollte mit gleicher Währung und ohne Zölle. Die Trusts müßten verstaatlicht werden und die Börsenjobberei aufhören.

Möglich ist das unter der heutigen Form nicht, also wiederum eine andere Gesellschaftsform könnte das bringen. Und welche Form könnte das nun sein? Das Christentum? Nein! Warum nicht? Weil sie an der Idee des Privateigentums unverrückbar festhält. Der Nationalsozialismus?

Nein! Warum nicht? Dazu folgendes: Der N.S. hat ja schon Eingriffe in die Idee des Privateigentums gemacht (siehe Judenfrage); aber er hat immerhin die privatkapitalistische Wirtschaftsform unterstützt und bezeichnet sie als die gegebene Form, die er als die richtige erkennt und sie verteidigt. Sonst müßte er im Laufe der Zeit sich umstellen und sich revidieren. Ansätze dazu sind vorhanden. Aber es kommt darauf an, ob es nicht nur Experimente sind. Der russische oder asiatische Bolschewismus? Auch er hat Ansätze; aber Parteidiktatur ist noch keine Institution, die das Problem löst.

M.E. käme nur der Sozialismus in Frage und nichts anderes. Aber nicht ein Sozialismus mit Gewalt und Waffen durchgeführt, sondern ein Sozialismus, in den die Menschen hineinwachsen müssen. Es mag sein, daß dazu auch mal Diktatur notwendig ist, darf aber keine dauernde Anwendung finden. Der wirkliche Sozialismus kann nur mit den Waffen des Geistes erkämpft werden. Aber bis dahin können noch Dezennien vergehen, denn ehe die Welt mal einsieht, daß ihr nur ein friedlicher Handel und Verkehr Nutzen trägt, bis sie einsieht, daß Technik und Fortschritt nicht nur für einige, sondern für die ganze Welt Nutzen tragen und ihr dienen soll, vergehen noch Zeiten.

Wenn alle Regime vom Gedanken geleitet würden: Alles durch das Volk, alles für das Volk, dann würde sich der Umschwung in der Welt schneller vollziehen. Nicht der Besitz darf entscheidend sein, sondern das Können. Wer für das Volk etwas leistet, soll auch am meisten geehrt werden. Wie schön wäre es doch, wenn Menschen friedlich beieinanderwohnen, sagt Schiller. Wenn die Menschen friedlich beieinander wohnen wollen, dann müssen die Verhältnisse dazu geschaffen werden, sie müssen ihren Lebensunterhalt sich erarbeiten können. Erst den sozialen Frieden im eigenen Lande geschaffen, dann wird auch der Frieden nach außen geschaffen werden.

Es wird oft gesagt, es könne kein sozialer Frieden geben, weil der Mensch immer nach mehr strebt, aber die das sagen, sind meist diejenigen, die in Amt und Würden sitzen und noch nie um ihren Unterhalt verlegen waren. Außerdem hängt das mit dem alten Eigentumsbegriff zusammen. Wie gesagt, erst den sozialen Frieden in der ganzen Welt, dann neidet keiner mehr dem anderen, dann wird der Frieden zwischen den Völkern schon sich von selbst einstellen. Wie schön wäre es doch, wenn alle Arbeit für die Befriedigung der Welt geleistet werden müßte, und nicht für den Kampf und die Vernichtung, wenn nicht der eine Stand, oder Klasse, an den Freuden vorbei gehen müßte, wenn es keinen Haß und Hader gäbe. Dann brauchten wir keinen Krieg, keine Tanks, keine Bomben und auch keine Konzentrationslager. Im friedlichen Wettbewerb würden sich die Kräfte regen, um mit allen Mitteln die Arbeit leicht und freudig zu machen.

Auch die geistigen Kräfte würden sich regen um die Menschheit nicht auf die Höhe, sondern sie zu höheren und schöneren Zielen zu begeistern. Welche Kräfte würden erwachsen, die heute nicht geweckt werden können, weil die Mittel dazu fehlen. Mag man auch den Versuch machen. Solange die Bedingungen dazu fehlen, bleibt es ein Versuch. Die Kunst könnte sich frei entfalten, denn nur eine Kunst die wirklich frei ist, wird Gutes schaffen. Dann würde sich auch das Wort, das Jahr um Jahr um die Welt geht erfüllen, nach außen und auch im Inneren, das große Wort der Weihnachtsmär:

„Friede auf Erden!"

1.1.1940

Schon wieder ist ein Jahr in raschem Flug dahingegangen und wieder zieht ein neues Jahr dafür herauf. Was uns das Jahr 1938 ankündigte im Wechsel der Ereignisse, das hat uns das Jahr 1939 gebracht, den Krieg.

Wenn wir uns den Verlauf des Jahres 1939 und seine Ereignisse vom Standpunkt des Arbeiters und auch des unbefangenen Beobachters, betrachten und rekapitulieren, dann können wir sagen, vieles ist geschehen in der Zeit, aber alles was geschehen, ist wohl für den Arbeiter von besonderer Bedeutung, aber nicht nach der guten, sondern nach der schlechten Seite. Alle Maßnahmen, die getroffen wurden, haben ihn in moralischer, seelischer und auch in finanzieller Beziehung schwer enttäuscht. Was wurde denn geschaffen? Einmal sind die Rechte der Arbeiter nicht verbessert, sondern beschnitten worden.

Wenn wir die Berufslenkung des Nachwuchses betrachten, dann müssen wir fragen: wo bleibt die Verwirklichung des Satzes: Freie Bahn dem Tüchtigen! Heute ist man bestrebt, die Kinder des Bergmanns dem Bergmannsberufe zuzuführen und so ist es auch vielfach mit den anderen Berufen. Jedenfalls ist das so, daß wieder die Armen in die schlechtesten Berufe gepresst werden und die gutsituierten Leute ihre Kinder in die besten und gehobenen Berufe bekommen. Warum? Weil die meisten Arbeiter nicht in der Lage sind, ihre Kinder in Gymnasien oder Mittelschulen zu schicken und Volksschulbildung als nicht genügend betrachtet wird. So greift der N.S.-Staat in diese Dinge ein und die Eltern haben nichts zu bestimmen. Man könnte ja einer solchen Berufslenkung zustimmen, wenn sie gerecht gehandhabt wird und nicht nur die Kinder der Besseren in die besten Berufe und die Kinder der Arbeiter in die niederen Berufe gedrückt würden. Aber kann man etwas anderes in einer Parteidiktatur, in einer Parteiwirtschaft erwarten?

Und nun am Schlusse des Jahres donnern die Kanonen und wir haben Kriegswirtschaft. Nicht nur daß die Besten wieder an der Front liegen, nicht nur daß die Arbeiter, die noch hier sind, lange Arbeitszeit haben, nein man zieht Invaliden, Krüppel ja sogar Frauen, die nicht mal mehr arbeitsfähig sind, zur Arbeit heran. Ein junger Schnüffel von Arzt, schreibt sie nach flüchtiger Untersuchung so und soviel % arbeitsfähig, und schon sind sie ihre Unterstützung los und mit ihren lahmen und krummen Gliedern sollen sie dann die Arbeit leisten, die die Jungen auch machen.

Auf der anderen Seite sind sie mit dem Ehrenkreuz der Mütter dekoriert. Für die Mütter hat man nicht so viel übrig, daß sie ihren Lebensabend anständig verbringen können.

Für das Impfen der Kinder bekommt ein Arzt, wenn er 200 Kinder impft, also für zwei Tage Arbeit 400 M, dafür muß mancher Arbeiter zwei Monate arbeiten, gering gerechnet 50 Schichten. Bewahre! Das sind keine Klassengegensätze, das sind nur Standesunterschiede. Klassen gibt es im NS-Deutschland nicht, nur noch Stände, daher der große Unterschied in der Bezahlung. Und dieser Unterschied ist ja nicht der Einzige. Auch in der Behandlung der Menschen ist ein großer Unterschied. Bist du Pg. kannst du überall frei auftreten und wirst prompt bedient, besonders auf amtlichen Büros u.s.w. Bist du aber nichts und trägst kein Hakenkreuz, dann wirst du nicht beachtet. Also lieber Mensch, wenn du auch anders denkst, laß es nicht merken, heuchle, lüge, daß sich die Balken biegen, wie man früher von Tirpitz sagte. Sie wollen ja nur Heuchler und keine aufrechten Menschen haben. In jedem Staat, wo Diktatur herrscht ist das genauso. Aufrichtige und wahrheitsliebende Menschen kann man dort nicht gebrauchen, sonst würde ihnen ja bald der Nimbus des Alleskönnens und der Gottähnlichkeit genommen sein.

Es ist ganz gleichgültig, welche Gebiete man nimmt, ob Arbeiterfrage, ob Unterstützungsfrage sozialer Natur, oder die Unterstützungsfrage der Kriegerfrauen und deren Kinder oder die der Hinterbliebenen, nie ist der Klassenunterschied so stark hervorgekehrt worden als im NS-Staat.

Betrachten wir uns doch mal die Wehrverbände HJ u.s.w. und u.s.w. Versklavung, Drill von Anfang bis zu Ende. Modernes Sklaventum in den Arbeitsstätten und wo es nur ist. Unter dem Motto der Kameradschaft in den Betrieben zwischen Arbeiter und Beamten hat man den Arbeitern die freie Willensbestimmung genommen. Kameradschaft heißt für den Arbeiter dulden und für die anderen herrschen, so sieht die Kameradschaft aus. Man macht Kameradschaftsabende wo Lust und Freude herrschen sollte. Für diese Abende wurden auf der Arbeitsstelle Gelder abgehalten. Der Betriebsführer mit dem „(Arbeitervertreter)“ politischen Bevollmächtigten des Betriebes, bestimmt was gemacht wird, und derjenige Arbeiter, der an diesem Abend nicht erscheint, ist sein Geld los. So geschehen und geschieht noch im 20. Jahrhundert.

Wenn man sich dagegen die Kameradschaftlichkeit in den vergangenen

Jahren und auch vor dem Kriege 1914 noch vorstellt und daran zurückdenkt, dann war sie trotz der politischen Zerrissenheit doch viel größer wie heute, ohne Kameradschaftsabende. Warum? Weil sie in Versammlungen (Gewerkschafts- Belegschaftsverslg durch die Betriebsräte) viel mehr zusammengehalten wurden und am gesamten Geschehen im Betrieb mehr interessiert und unterrichtet wurden.

Wie ist es denn heute? Heute gibt es keine Gewerkschafts- (Arbeitsfront) noch Belegschaftsverslg. mehr, in der der Arbeiter reden dürfte. Er kann ein Referat eines jungen Bengels entgegennehmen, der das Blaue vom Himmel herunterschwätzt und dann kann er nach Hause gehen. Selbst wenn ihm zu reden gestattet wäre, würde er es ja doch nicht tun, weil er ja seine wahre Meinung nicht sagen darf, ohne zu befürchten, eingelocht zu werden. So ist der Arbeiter eingeengt, von böswilligen oder gutmütigen Beamten abhängig, ohne sich wehren zu können. Früher hatte der Arbeiter die Möglichkeit durch den Wechsel der Arbeitsstelle sich solchen Schikanen zu entziehen und vor allem durch den Wechsel die Lohngestaltung zu beeinflussen. Heute hat das aufgehört. So wie früher der Leibeigene und Hörige ohne Genehmigung seines Herrn nicht gehen durfte, so auch heute. Es fehlt nur noch, daß ihm die volle Gerichtsbarkeit verliehen wird, die er ja durch das Strafsystem zum Teil schon hat.

Wie vieles könnte man noch anführen. Wenn man rückblickend das Jahr 1939 betrachtet, dann muß man mit Neid gestehen: Für alles, was das Jahr gebracht möchtest du auch noch dankbar sein. Es ist nichts zu sehen und sollte auch hier und da ein materieller Vorteile herausspringen (Schweinchen und 3/4 Stunde, Fettzulage, 200% u.s.w.) so wiegt es doch die Unfreiheit auf der anderen Seite nicht auf. Nebenbei gesagt, verurteilt der N.S. doch den Materialismus.

Und nun ist das Jahr 1939 dahin und 1940 steigt herauf. Die Kanonen donnern noch immer, die Flieger surren durch die Lüfte, Maschinengewehre peitschen ihre Geschosse durch die Luft und Material (Millionenwerte) wird vernichtet. Wie lange dieser Wahnsinn noch anhält, wer kann es sagen.

Ist der Rückblick auf das Jahr 1939 für die Arbeiter kein erfreulicher, so ist das aus der ganzen Entwicklung heraus zu verstehen. Der Ausblick in das Jahr 1940 kann allem menschlichen Ermessen nach auch keine rosiger genannt werden. Einmal weiß man nicht, wie lange der Krieg noch dauern wird und welche Opfer er noch kostet an Menschen und Material (stellt doch die Arbeiterschaft immer das größte Kontingent) zum anderen ist es ungewiß, wie der Krieg ausgehen wird. Es ist auch ganz gleichgültig, wie er ausgeht, jedenfalls bezahlt der Arbeiter (Land-Hand- und Kopfarbeiter) die Hauptzeche. Siegen wir so werden wir uns nachher totrüsten und vor Größenwahn muß der Säugling schon Soldat werden. Verlieren wir, dann bezahlen wir die ganze Zeche. Wird der Frieden durch Vergleich geschlossen, so bezahlen wir auch. Auf alle Fälle tragen wir die Kosten. Nur eins wäre wünschenswert, wenn der Krieg auf die eine oder andere Art der Arbeiterschaft die Freiheit ihres Handelns wiederbrächte. Wenn auch wir Alten keinen Vorteil mehr davon haben, so würde es uns aber doch freuen, wenn unser Kampf nicht vergeblich war. Ob dieses Jahr oder dieser Krieg schon die Entscheidung bringt ist ungewiß. Einmal muß aber die Entscheidung kommen und einmal kommt der Tag, wo die Menschen und besonders die Arbeiterschaft sich frei macht aus den Fesseln der Knechtschaft. Dazu ein kräftiges „Glück Auf!" zum neuen Jahre.

E.B. 12.1.1940

Gestern schrieb ich einen Brief an Hans. Anscheinend verzögert sich ein Brief von Hans. Ich schrieb ihm darin, man habe mir mitgeteilt, daß sich Gustav Str.[58] freiwillig zum Militär melden wolle. Er bekäme dann seine Strafe geschenkt, und er stehe dann wieder genau so da, als ob er nie in einem Prozeß polit. Art verwickelt gewesen sei und habe seine volle Ehre wieder. Wie weit es zutrifft und ob seine Frau damit einverstanden ist, ist mir nicht bekannt. Frau Streich kam anfangs ab und zu noch mal zu uns, hat sich aber sehr lange nicht mehr hier blicken lassen. Ob sie keine Zeit mehr hat oder scheut, hier hin zu kommen, ist mir unbekannt. Es ist mir aber auch gleichgültig.

Eins fällt mir immer wieder auf, nicht nur bei einem, sondern bei vielen, es sieht bald so aus, als wenn sie sagen wollten, ich will mit euch nichts mehr zu tun haben. Anscheinend glauben sie wohl, daß sie sich durch einen Besuch bei uns kompromittieren. Ohne einen Vorwurf aussprechen zu wollen, möchte ich doch sagen: Wenn H. und G.[59] die Blätter nicht nach

58. Gustav Str. = Gustav Streich, führendes Mitglied in der Widerstandsorganisation der Essener SPD und am 22.4.1937 vom Volksgerichtshof wegen Vorbereitung zum Hochverrat zu 5 Jahren Zuchthaus verurteilt, schreibt zu der Mitteilung an Anton Klein, er habe sich freiwillig zum Militär melden wollen:
„Diese Mitteilung ist falsch. Ich habe nie daran gedacht, mich freiwillig zur Wehrmacht zu melden. Ich weiß auch nicht, woher diese Mitteilung gekommen ist. Ich saß im Zuchthaus, habe nur an meine Frau und die Eltern geschrieben und ansonsten keine Verbindung nach draußen gehabt. Ich habe nach meiner Entlassung im März 1941 sofort Anton Klein aufgesucht und dann immer wieder bis zu seinem Tod 1962. Er hat mir nie etwas von diesem Gerücht erzählt, sonst hätte ich es damals schon zurechtrücken können. Auch als Hans 1943 für drei Tage bei seinen Eltern war, bin ich sofort zu ihm hin und er kam am nächsten Tage zu mir. Ich habe also den Kontakt zu meinem von mir sehr verehrten Genossen Anton Klein nach meiner Haftzeit sofort wieder aufgenommen."

59. H. und G. = Hermann (Rotthäuser) und Gustav (Streich). Vgl. Anmerkung 51 und 58

Borbeck besorgt hätten, wären auch die anderen von Borbeck in keinen politischen Prozeß verwickelt worden. Also liegt die Kompromittierung nicht bei uns, sondern bei anderen. Ich will mich nicht zu Gefühlsäußerungen hinreißen lassen, die vielleicht nicht berechtigt sind, aber bitter ist es doch, wenn man sieht, daß die eigentlichen Urheber des Prozesses frei sind und Hans immer noch nicht nach Hause kommt.

Nun will G., wie ich schon eingangs schrieb, sich freiwillig stellen. Ob er angenommen wird und ob das alles so gelingt wie er vor hat, wage ich noch zu bezweifeln. Er müßte sich dann wirklich umgestellt haben oder das Heucheln so gut gelungen sein, daß man ihn für einen waschechten Nationalsozialisten (Nazi) hält. Ich kann darüber ja kein Urteil fällen, denn ich kenne ja seine wahre Auffassung, die er heute hat, nicht. Junge Leute ändern schnell ihre Gesinnung. Sein Vorhaben als Mensch beurteilend, kann man ihn verstehen. Er denkt seine Strafzeit abzukürzen und rechnet jedenfalls auf ein bißchen Glück. Menschlich gesehen verständlich, und besonders verständlich, wenn er sich umgestellt hat, womit man immer rechnen muß. (Beispiel C.H. Schulz).

Ist er aber Sozialist geblieben, hat er seine Weltanschauung behalten, dann könnte ich mich doch nicht so sehr für eine solche Tat begeistern. Man denke: die Staatsmacht oder die Partei, die unsere Anschauungen bis aufs Messer bekämpft hat und die in brutaler Art und Weise ein kleines politisches Vergehen, daß in früheren Zeiten höchstens mit ein paar Monaten Gefängnis oder Festungshaft geahndet worden wäre, mit 2 – 5 Jahren Zuchthaus bestraft hat, seine Kraft als Soldat zur Verfügung zu stellen, dazu gehört schon sehr viel. Es ist ja vielleicht nicht nur das Opfer an Kraft und Arbeit zu bringen, vielleicht auch noch mehr, vielleicht das Leben sogar. Ob man das als Sozialist kann, darüber bin ich mir noch nicht klar, man müßte ja dann erst in ihren Verhältnissen, in ihrer Lage stecken.

Wenn Hans es machen würde, wäre es immerhin noch eher zu begreifen. Gustav hat ein Ziel, ein Ende seiner Zeit vor sich und konnte von anderen lernen. Hans aber nicht, lebt ins Ungewisse und könnte der Ungewißheit dadurch ein Ende machen. Wenn ich ihm auch schon mal schrieb, daß ich ihn lieber an der Front als im KL. sähe, so ist das eigentlich nur Mittel zum Zweck, um ihn mit der Nase darauf zu stoßen, daß unter diesen Verhältnissen Heuchelei kein Verbrechen und auch keine Charakterlosigkeit sei. Wenn ich könnte und dürfte, würde ich ihm klar und offen dieses schreiben. Ich glaube nämlich, daß Hans dieses anzunehmen scheint. Grundsätze sind gut und man soll auch möglichst nicht von ihnen abweichen; aber man braucht sich auch nicht, wie hier in so vielen Fällen, damit ins eigene Fleisch zu schneiden. Eben kam eine magere Karte von Hans. Na ja! Wir müssen uns eben damit bescheiden.

Eben las ich in der Zeitung einen Artikel über die Erdbeben in Anatolien

(Türkei). Wenn man bedenkt, daß das Erdbebengebiet einen Raum von 200000 Quadratkilometer umfaßt, also ein Gebiet, einen Flächenraum so groß wie 2/3 Italiens, dann kann man sich einen Begriff von der Furchtbarkeit und der Heftigkeit dieses Bebens machen. 50 000 Menschen sind nach den neuesten Meldungen, dieser Katastrophe zum Opfer gefallen. Wenn man diese ungeheuren Verwüstungen betrachtet, dann muß man sagen, daß die Beben von Messina und von der Insel Martinique nichts dagegen waren. In Martinique wurde die Katastrophe ja durch den Vulkanausbruch auch schlimm, aber ein solches Opfer von Menschen war doch nicht zu verzeichnen. Als im alten Rom durch ein Erdbeben und den Vulkanausbruch des Vesuv die beiden Städte Herkulaneum und Pompeji zerstört wurden, hat es nach historischen Berichten auch gewaltige Opfer gekostet. Die meisten bekannten Beben sind aber meistens gelinder abgelaufen. Wehe, wenn Mutter Erde sich mal in den volkreichen Gebieten Europas etwa Berlin, London, Paris oder auch im Ruhrgebiet, so schütteln würde, wie würde es dann aussehen, dann gäbe es nicht Tausende sondern Millionen von Opfern, jedenfalls noch mehr wie der Krieg kostet. Welch ungeheure Leiden müssen diese Menschen jetzt ertragen. Hier wäre genug zu tun, um diese Leiden zu mildern. Europa aber ist durch einige größenwahnsinnige Köpfe leider gezwungen, seine Mittel und sein Material für den Krieg zu verschleudern.

Ob die Beben tektonischer oder plutonischer Gewalt[60] ihren Ursprung verdanken, wurde nicht geschrieben; aber jedenfalls ist es plutonischen Ursprungs. Ist doch Anatolien ein Erdbebengebiet und es liegen auch mehrere Vulkane in diesem Gebiet, so der aus der Bibel bekannte „Ararat", der auch vulkanischen Ursprungs ist. Es scheint übrigens, als wenn die Erde in den letzten Jahren unruhiger geworden wäre. Ob die Türken mit ihrem Glaben an das Kismet, die Dinge auch so ruhig hinnehmen, wie die anderen Völker. Gewiß, dagegen zu machen ist ja nichts. Die Frommen werden alles als eine Prüfung Gottes hinstellen. Die Bibelforscher werden vielleicht daraus schließen, daß das Ende der Welt bald nahe ist wie er ja immer behauptet und aus der Bibel beweisen will. Er sagt ja: Ihr schreibt 1000 aber nicht wieder 1000 und bis zum 2. Tausend sind es 60 Jahre.

Somit hätte er recht, wenn seine Beweisführung richtig wäre. Diese Zeichen sind aber immer gewesen. Kulturen, Reiche, und Länder sind zu

60. Tektonische Erdbeben, die ungefähr 90 % aller Erdbeben ausmachen, entstehen durch den ruckartigen Ausgleich von Spannungen, die auf Verschiebungen oder Bruchbildungen in der Erdkruste zurückzuführen sind, plutonische Beben durch vulkanische Tätigkeit.

Grunde gegangen, aber die Erde ist immer noch da. Sie hat sich verändert und sie kann sich noch mehr verändern. Menschen werden kommen und vergehen. Neue Völker werden entstehen, alte vergehen, nichts ist ewig als die Materie. Alles andere ist dem Wechsel der Form unterworfen. Und was wäre es denn, wenn heute oder morgen die Welt unterginge. Was ist denn der Mensch in dem langen Zeitraum der Erdentwicklung gesehen? Ein Forscher schätzte das Alter der Erde, in den letzten Tagen noch (wie eine Zeitung schrieb), seit ihrer Erkaltung auf 1600 Millionen Jahre. Also an diesem Maß gesehen ist der Mensch, nein, sind alle Menschen nur Staubkörnchen, nein, nur Atome und wenn wir untergehen, dann hat ja doch alle Qual alles Leid ein Ende. Aber ich glaube, daß es da noch weit hin ist. Die Erde ist vielleicht nur in ein neues Entwicklungsstadium getreten und verändert ihr Gesicht. Merkwürdig ist es ja, daß in den letzten Jahren viele Unwetterkatastrophen und Naturereignisse zu verzeichnen sind. Auch die Wetterverhältnisse sind eigenartig. Länder die sonst keine große Kälte kennen, haben Kältegrade von 20 und mehr Grad und während es hier in der gemäßigten Zone recht kalt ist hat man in kalten Zonen eine geringere Kälte, als in vergangenen Jahrzehnten.

Aus Argentinien wird dagegen eine außergewöhnliche Hitze gemeldet. In Buenos Aires sind Menschen an Hitzschlag und an Sonnenstich gestorben. Wenn man das alles bedenkt, dann möchte man annehmen, daß sich auf dem Erdball Veränderungen zeigten. Doch wie lange Zeit wird es dauern, ehe solche Veränderung ihren Abschluß findet, da sie auch nur allmählich vor sich geht, können sich die Menschen daran gewöhnen. Vielleicht werden die Menschen durch die Technik auch manches abwehren können. Gleich wie es kommt, seinem Schicksal getrost entgegensehen ist das Beste.

Leid müssen uns nur die Menschen tun, die darunter zu leiden haben und zu verdammen sind jene, die so frivol über ihre Mitmenschen Leid verhängen.

A.K.

E.B. 24.1.1940

Noch immer Kälte und Schnee. Schnee hat es in diesem Winter bisher gegeben so viel, als wir sonst in 5 Winter nicht zusammen gehabt haben. Auch Kältegrade, wie wir sie sonst nicht oft und lange zu verzeichnen haben. Wenn es nun hier schon so ist, wie muß es dann in Thüringen sein, wo Hans ist. Und immer noch keine Änderung, immer noch dasselbe, kein freudiger Ausblick, kein Lichtblick, immer ewig im Dunkeln tappen. So quält und grübelt man seine Tage hin.

Statt daß es mir besser geht, wird es allmählich immer schlechter. Was ist es nun eigentlich? Ich weiß was es ist, besser als jeder andere. Und da hilft auch nichts mehr. Wenn man mich so ansieht, dann sagt jeder: Du siehst aber noch nicht schlecht aus. Es ist wahr, aber die wissen, nicht, wie mir zu Mute ist. Ich habe so das Gefühl, daß mich manche Leute als Simulant ansehen. Oft hört man sagen: Ja wenn Freunde da sind, dann bist du so lebhaft, als wenn dir nichts fehle. Die wissen aber nicht, daß der Geist über den Leib herrschen kann, die wissen auch nicht, welche Nerven es kostet, dann so unbekümmert auszusehen und sich zu unterhalten.

Dann noch immer die Sorge um Hans, immer wieder die Frage, was mag er machen? Haben sie dort auch solche Unterkunft und Kleidung, daß sie vor der Kälte geschützt sind? Wie steht es da mit der Verpflegung? Wenn schon wir hier Mangel zu leiden haben, wenn schon hier manches nicht mehr zu haben, ist, wie wird es dann dort in den Lagern erst aussehen. Wer Menschen schuldlos hinter Gittern hält, der ist auch meistens gewissenslos genug, diese schuldlosen Menschen zu quälen und darben zu lassen, und das geschieht im 20. Jahrhundert.

Zur Illustration folgendes: In einem Schulungsbrief 1. Folge 1939 las ich dieser Tage eine Abhandlung vom Staatsrat (NSDAP) Hans Schemm. Natürlich erhebt er den NS. bis in die Wolken. Im NS. sind alles echte und ehrenwerte Männer. Alles andere, die früheren liberalistischen Männer, waren nichts und taugen nichts. Ich möchte mal gerne wissen, was die sich eigentlich unter Liberalismus vorstellen. Ist denn zwischen der damaligen und der heutigen Wirtschaft ein großer Unterschied? Einer ja! Wenn früher die liber. Wirtschaft bemüht war, die Aufträge und auch im Handel von auswärts zu bekommen, so ist heute zu verzeichnen, daß der größte Auftraggeber der Staat ist, und das Volk allein die Kosten bezahlt. Schuldenwirtschaft. Wenn der Staat (d.h. der nationalsozialistische) auch die Wirtschaft überwacht, so huldigt er doch aber auch dem Grundsatz: Freiheit dem Unternehmertum. War der Liberalismus nicht notwendig in den Zeiten der Entwicklung? War er nicht das Gegengewicht gegen den Feudalismus und das Junkertum und war er nicht notwendig zur neuen Wirtschaftsform? Menschen die sonst dafür schwärmten, verdammen ihn heute; aber nicht aus Erkenntnis, sondern aus materialistischen Gründen.

Als nat. soz. Schriftsteller beschäftigt sich Hans Schemm dann mit dem Bolschewismus und mit dem Sozialismus, und bezeichnet alles mit dem Sammelnamen Marxismus. Hitler und seine Trabanten haben diesen Namen geprägt und jeder sieht etwas anderes darunter. Ja es gibt sogar Leute darunter, die das Zentrum mit den Marxisten in einen Topf werfen. Jeder Lausejunge glaubt heute etwas vom Marxismus (Sozialismus) zu verstehen, weil er das Schlagwort kennt.

Hans Schemm bezeichnet noch Januar 1939 jeden Bolschewisten als

Verbrecher, Lenin, Stalin, und wie sie alle heißen, als die größten Verbrecher, die Regierung in Rußland als Judenregierung u.s.w., u.s.w. also nur Schmähungen und Verurteilungen und ein gutes halbes Jahr später verbrüdert man sich damit. Hans Schemm, was würdest du heute sagen, wenn du noch lebtest. Wenn du ehrlich wärst, würdest du dich schämen solches geschrieben zu haben oder du müßtest genau wie der Führer sagen. Ihr könnt ja sehr gut nachbeten.

Hans Schemm urteilt dann über die anderen Sozialisten nicht viel besser. Seine Beweisführung ist einfach. Ein paar Sätze aus einer Schrift herausgerissen, besonders aus Freidenkerschriften und der Beweis ist fertig. Er unterscheidet nicht zwischen Kommunismus und Sozialismus sondern bei ihm sind alles Verbrecher. So nicht nur Hans Schemm, sondern auch sehr viele andere. – Bitte einmal freie Presse und Versammlungsfreiheit, wo würdet ihr dann schnell bleiben. Aber davor hütet ihr euch ja, denn ihr wißt ja selbst, daß nicht die Liebe des Volkes eure Sicherheit ist, sondern die Furcht des Volkes. Seht eure sechs Jahre an, aber nicht oberflächlich, sondern steigt in die Tiefe, dann werdet ihr es wohl selbst sehen.

2.2.1940

Allein geblieben in unserer stillen Klause, habe ich Zeit und Muße und auch Lust, wiederum einige Zeilen einzutragen.

Am 30. abends hat Hitler im Sportpalast in Berlin eine große Rede gehalten. Wenn man jetzt sich umhört, dann hört man von manchen sagen: Hitler hat wieder schön gesprochen. Ich möchte wohl behaupten, daß diejenigen, die so sagen, jede Rede Hitlers schön finden, ganz gleich was er sagt. Hier fehlt bei den meisten die nötige Erkenntnis, eine Rede auf ihre Güte und Tiefe würdigen zu können. Brachte denn Hitlers Rede etwas Neues? Nein bewahre! Es war wohl ziemlich dasselbe was er seit den Konflikten, die im Verlauf der Ereignisse sich ergeben, gesagt hat. Beim Konflikt um die Tschechoslowakei, um Österreich, um Sudetenland und zuletzt um Polen u.s.w. immer dasselbe.

Kann er denn etwas anderes sagen? Nein! Hitlers Außenpolitik war von Anfang an darauf eingestellt, den Vertrag von Versailles zu inhibieren und einmal diesem Gedanken verfallen, kann er gar keinen anderen Weg mehr einschlagen. Er sagt es ja selbst in seiner Rede, daß alles was er geschaffen, aus diesem Gedanken geboren ist.

Dazu schuf man die Wehrfreiheit, dazu dienten die Rüstungen, dazu schuf man Großdeutschland und auch den Vierjahresplan und alles andere, die Wehrverbände, die soldatische Ausbildung der HJ u.s.w. Alles diente diesem Plan. Da es nun zu lange dauerte, diesen Plan in friedlichen Verhandlungen zu verwirklichen und die anderen Staaten jedenfalls auch daran etwas auszusetzen gehabt haben würden, so steuerte Hitler unentwegt dem Kriege zu, denn das war das notwendige Ergebnis dieses Planes.

Nun hat man Polen eingenommen und zwischen Rußland und Deutschland aufgeteilt. Der Plan ist ja jetzt schon überholt und Hitler hat mehr Grund und Boden gewonnen als wie beim Versailler Vertrag verloren ging, d.h. außer den Kolonien.

Daß nun die Welt die Frage aufwirft, wer ist Schuld am Kriege ist nun selbstverständlich und auch selbstverständlich die Frage: Welch Ziel verfolgt jetzt Hitler, da er den Plan schon verwirklicht hat. Die Frage hat er auch schon beantwortet. Er will die Weltherrschaft Großbritanniens vernichten.

Wenn man heute so manche Abhandlungen liest, über die Geschichte Deutschlands, nicht die Deutschlands von 1870, sondern des Mittelalters, dann muß sich der Geschichtsforscher (d.h. der unbefangene und nicht der mit nat. soz. Wasser gewaschene) doch fragen: Waren wir Kinder, oder sind diejenigen Kinder die heute über Geschichte schreiben. Man lese und staune. Daß Deutschland sich im Mittelalter nicht zu einem festen Block und Reich bilden konnte, das war einmal Frankreich schuld und zum anderen England, so schreibt ein Dr. v.L. in einigen Artikeln. Richelieu[61], Ludwig XIV.[62], Mazarin[63] und wie die Staatsmänner alle hießen, hätten Deutschland stets daran gehindert. Nein, Dr. v.L.! So war die Sache wohl nicht! Die deutschen Fürsten waren es, die den Zusammenschluß zu einem festen Block verhinderten.

Man verurteilt heute England, daß sie mit deutschen Soldaten in Amerika ihre Kolonialkriege zum Teil geführt haben. Wie kamen denn die deutschen Soldaten dahin? Dem Geschichtskenner ist doch bekannt genug,

61. Kardinal Armand-Jean du Plessis, Herzog von Richelieu (1585–1642), seit 1624 erster Minister des französischen Staatsrates, war außenpolitisch 1635 an der Seite Schwedens in den Dreißigjährigen Krieg eingetreten und hatte damit den Sieg des habsburgischen Deutschen Kaisers verhindert.

62. Ludwig XIV., König von Frankreich 1643–1715 (ab 1661 Alleinherrscher), bekannteste Herrscherpersönlichkeit des Absolutismus (L'etat c'est moi = Der Staat bin ich), hatte das französische Königreich in mehreren Etappen auf Kosten des hl. Römischen Reiches deutscher Nation nach Norden und Osten verschoben (u.a. Annexion Straßburgs 1681).

63. Kardinal Jules Mazarin (1602–1661), ab 1642 als Nachfolger Richelieus erster Minister des französischen Staatsrates, zunächst unter Ludwig XIII., dann unter Ludwig XIV., hatte als ambitionierter Außenpolitiker die Vormachtstellung Frankreichs in Europa in der zweiten Hälfte des 17. Jahrhunderts begründet, u.a. durch den für Frankreich günstigen Abschluß des Dreißigjährigen Kriegs im „Westfälischen Frieden" 1648.

daß nicht nur ein deutscher Fürst, nein, deutsche Fürsten ihre Landeskinder an England verlauft haben[64]. Daß die Fürsten der Kleinstaaten sich fortgesetzt bekriegten um sich zu vergrößern ist ja auch bekannt. Hatten wir doch in Deutschland in jener Zeit ungefähr 300 Kleinstaaten. daß bei diesen Verhältnissen es für Frankreich und England ein Leichtes war, ihr volles Gewicht als geeinte Staaten in die Wagschale zu werfen ist erklärlich und Esel wären sie gewesen, wenn sie es nicht getan hätten.

Ein schlechter Statsmann der zu jener Zeit nicht die Gelegenheit benutzt hätte, seinen Staat zu festigen und zu vergrößern. (Ich sage ausdrücklich, zu jener Zeit). Wenn in späterer Zeit, zu und nach den Freiheitskriegen sich das deutsche Volk nicht zusammenschloß, lag es nicht am Volk (obgleich dieser Wunsch bestand), sondern wieder an den Fürsten. War nicht noch nach 1870 zwischen Nord- und Süddeutschland Antipathie vorhanden und ist sie trotz Hitler vollständig ausgemerzt?

Besitzt England denn nun wirklich die Weltherrschaft? Man wirft England seine Kolonien vor. Dabei hat fast jeder Staat seine Kolonien, ja sogar das kleine Belgien, Portugal, Holland u.s.w. Das ist noch lange keine Weltherrschaft. Kanada, Australien, Südafrika sind Staaten die mit England nur eine Personalunion haben und können selbständig entscheiden. Wenn sie sich nun zu England bekennen und sich dafür erklären, muß sich das dortige Volk auch zu England fühlen und seinen Nutzen davon haben.

Wenn man so etwas liest, als ob Frankreich nach der Pfeife Englands tanze, dann muß man sich doch fragen, ob Frankreichs Interessen nicht bei England liegen. Die Sprache Mussolinis und die Veröffentlichungen der ital. Presse reden eine deutliche Sprache.

Wenn nun das Ziel, die Vernichtung des Versailler Vertrages erreicht ist, und man die Weltherrschaft Englands brechen will, was kommt dann in Frage? Rußland hat kein Interesse an der Weltherrschaft (oder es müßte den Traum von der Weltrevolution noch nicht überwunden haben), weil es mit Asien und seinen Gebieten genug zu tun hat. Also käme nur der größte Staat Europas in Frage, und das wäre Deutschland. Wenn dieser Gedanke führend ist, dann fürchte ich, daß für die heutige und kommende Generation keine großen Friedenszeiten kommen werden, selbst dann, wenn der eine oder andere Gegner einen Frieden diktieren kann.

Wenn man die Dinge so im Stillen durchdenkt, dann fragt man sich doch manchmal: Wie ist das nur möglich, daß die Völker sich immer und immer wieder in diese Verhältnisse hineinführen lassen. Dann kommt man doch

64. So hatten beispielsweise die hessischen Landgrafen während des amerikanischen Unabhängigkeitskriegs (1775–1783) über 17000 Untertanen an England verkauft.

zu der Erkenntnis, daß die Entwicklung sehr sehr langsam geht, und das Jahrhunderte darüber vergehen. Was manchmal in Jahrhunderten gewonnen, zerstört wieder ein kurzer Zeitraum. Wenn man das so überdenkt, dann kommt einem unwillkürlich Goethes Wort ins Gedächtnis, aus dem Faust: Es erben sich Gesetz und Rechte wie eine ewige Krankheit fort! Es ist so. Die Welt kann das alte, angelernte schlecht überwinden, weil sie seit je im Egoismus erzogen worden ist, und deshalb kann sie sich nicht überwinden. Der Altruismus[65] ist noch lange nicht eingekehrt und bei dieser Gesellschaftsform und dieser ewigen Anbetung des Mammons wird er auch so schnell nicht kommen.

Wenn nun der Nationalsozialismus und sein Sprecher Hitler uns immer wieder und wieder das beste und herrlichste versprechen. Dann fehlt immer die Anwendung. Alles für das Volk sagt Hitler, alles für Deutschland. Ein schönes Wort. Ich möchte aber auch hier mit Goethe sagen: Die Botschaft hör' ich wohl, allein mir fehlt der Glaube.

Wir werden ja, wenn der Krieg lange dauert, sehen, ob und wie man das deutsche Volk ernähren kann. Wenn es jetzt schon mit der Beschaffung von Gemüse u.s.w. kläglich aussieht, wie wird es dann in den nächsten Jahren sein. Aller Wahrscheinlichkeit gibt es einen langen Krieg, und je länger er dauert, je schlechter werden die Verhältnisse werden. Also für einen Aufstieg für die Arbeiterschaft ist in der ersten absehbaren Zeit gar nicht zu denken. Wir werden wieder eine Periode der sieben mageren Jahre durchzukosten haben, vielleicht auch noch länger, oder es müßte irgendeine überraschende Wendung eintreten.

Man schreibt ja dauernd in den Zeitungen, daß England in den skandinavischen Staaten am hetzen sei. Will man dadurch Rußland den Vorwand bieten, sich auch dieser Staaten zu bemächtigen? So fing es an mit Polen, so fing es an mit Finnland. Ein Grund ist leicht gefunden, wenn der Wille da ist. Wenn der Wunsch Rußlands vorhanden ist, dann ist diese Entwicklung nicht so ohne weiteres von der Hand zu weisen. Wir haben ja gesehen mit welchen Mitteln gearbeitet wird, hier wie dort, und dabei will der eine (England) wie der andere (Deutschland) sich als der von Gott beschützte hinstellen.

Wem wird er helfen?

6.3.1940

Wiederum ist mehr wie ein Monat verflossen, seit ich die letzten Zeilen eintrug. Wenn man die vergangenen Tage betrachtet, dann muß man ja

65. Altruismus = Selbstlosigkeit, Gegenteil von Egoismus

auch sagen, daß sie, trotzdem wir im Kriege leben, nicht viel neues bringen. Man bekommt ja jeden Tag seine Zeitung; aber es lohnt sich kaum sie zu lesen. Was ist denn darin zu finden, in einem Blatt von 4 – 6 Seiten, wo ein paar davon noch mit Inseraten gefüllt sind. Ein kurzer Heeresbericht, der keine großen Taten aufweist, die übliche Kriegspropaganda, ab und zu Verurteilungen wegen Hörens ausländischer Sender, auch Verurteilungen anderer Art und damit ist das ganze Repertoire erschöpft. Wenn man die Zeitung nicht wegen der amtlichen Bekanntmachungen nötig hätte, um mit denen auf dem Laufenden zu bleiben, könnte man sie sehr gut entbehren.

Es gibt eine Pflanze, vielmehr eine Blume, die bei den geringsten Einflüssen sich verschließt, nicht nur wenn sie berührt wird, nein, schon wenn sie der Hauch oder der Atem eines Menschen oder Lebewesen trifft, schließt sie ihre Blüten und auch die Blätter schließen sich und diese Blume, die Mimose, ist wohl vielen dem Namen nach bekannt. Wir kennen sie ja nur aus Beschreibungen, da ja hier die Blume nicht wächst. Es ist nur in den Tropen möglich, sie kennen zu lernen. Von einem scheuen, in sich verschlossenen Menschen sagt man schon mal: Scheu und verschlossen wie eine Mimose.

Wenn ich nun diese Blume anführe, dann deshalb, um damit die Menschen im heutigen Deutschland zu vergleichen. Wenn ich sage Menschen, dann meine ich ja nicht diejenigen damit, die mit Nadel, Kreuz und Vogel geschmückt sind, denn diese reißen ja den Mund weit genug auf, um ihre Weisheit, die sie in den Zeitungen, am Radio und sonstwo hören als ihre Weisheit zu verzapfen, wenn es auch nur Surrogate sind. Bei denen käme ja in erster Linie Darwins Lehre zur Geltung, denn sie können ja nur nachplappern. Wenn ich sage Menschen, dann meine ich jene, die sich über alle Fragen klar sind oder gerne Klarheit haben wollen, aber nicht in der Lage sind, sie zu bekommen oder ihre Meinung aussprechen zu dürfen.

Wie mancher Gelehrter, wie mancher Forscher muß das Ergebnis seiner Gedanken und Forschungen still im Studierzimmer verschließen, ja sie vielleicht streng verschlossen in seiner Brust bewahren, besonders dann, wenn sie mit der heutigen Staatsmaxime konträr laufen. Deswegen vergleiche ich diese Menschen mit der Mimose. Sie verschließen sich, weil, wenn diese Gedanken an die Außenwelt kommen würden, für sie es sehr gefährlich wäre.

Wenn einer nun sagen würde: so schlimm ist es nicht, der darf sich ruhig umsehen in unserem Volke; aber Augen und Ohren weit aufmachen. Ist es nicht so, daß die Menschen, wenn sie sich mal unter Gleichen aussprechen möchten, immer fragen müssen: Mit wem spreche ich, wer hört es, darf ich trauen, was darf ich sagen? Glaubt nicht jeder (ja sogar unter Pg.) stets von Spionen umgeben zu sein. Darum dieses mimosenhafte Verschließen des einen gegen den anderen, darum das Mißtrauen und immer das Fühlen, ob man seine Gedanken auch äußern darf.

Wenn man an die Zeit vor dem Kriege 1914 zurückdenkt, besonders lange Jahre vorher, dann denkt man oft, daß wir ja auch schlimme Zeiten mitgemacht haben; aber heute kann man doch sagen, daß die Zeit des Sozialistengesetzes stark übertroffen wird.

Wenn man so hier und dort Äußerungen von Soldaten hört, dann muß man sagen, daß auch beim Militär eine viel drakonischere Strafart eingetreten ist, als selbst im Weltkrieg.

Urlaub bekommen die verheirateten Soldaten genug. Im Weltkrieg haben wir diese Urlaube als Deckurlaub bezeichnet. Der Urlaub ist ja trotzdem schön und jeder möchte ja mal gerne wieder zu Hause sein. Mir kommt es aber darauf an, welche Denkart die Machthaber für die Gewährung von Urlaub anlegen und da glaube ich nicht fehlzugehen, wenn man sagt, daß bei ihnen die Geburtenvermehrung wohl der Zweck des Ganzen ist. Das entspricht ja ihrer ganzen Politik.

Ob aber diese Bevölkerungspolitik nicht noch mal verhängnisvoll werden wird. Vorerst ja wohl nicht. Wenn aber die Ziele, die sie sich gesetzt haben, fehlschlagen, kann es auch schlecht gehen.

Wir Sozialisten haben ja auch früher die Malthussche[66] Idee verworfen. Malthus glaubte ja an eine Überbevölkerung der Erde und nahm an, daß bei einer ansteigenden Geburtenzahl, auf Jahre hinaus, nicht mehr der notwendige Unterhalt für die Menschen produziert werden könne. Es ist nun längst erwiesen, daß dies wohl der Fall ist. Bei einer intensiven Ausnutzung der angebauten und noch anzubauenden Bodenfläche und der Ausnutzung sonstiger Lebensmittelquellen, können genügend Lebensmittel beschafft werden. Es kommt nur darauf an, ob sie auch bis in die untersten Schichten gelangen, d.h. in solchen Mengen, die zur Unterhaltung der unteren Schichten nicht nur notwendig sind, sondern auch an Güte und Menge den der oberen Schichten nicht nachstehen.

Und hier liegt der Fehler im heutigen System. Der Fehler ist ja nicht erst heute und gestern entstanden, nein er ist Jahrhunderte alt, und dieser Fehler heißt Gesellschaftsordnung und alles was an Ordnung und Gesetze in

66. Thomas Robert Malthus (1766–1834), englischer Nationalökonom und Sozialphilosoph, hatte in seiner Bevölkerungstheorie den Zusammenhang zwischen Bevölkerungswachstum und Nahrungsmittelproduktion thematisiert und die These aufgestellt, daß die Bevölkerung in geometrischer Progression (1,2,4,8,16...), die Nahrungsmittelproduktion dagegen nur in arithmetischer Progression (1,2,3,4,5,...) anwüchse. Hungersnöte und Elend wurden daher vom Malthusianismus auf den schrankenlosen Fortpflanzungstrieb des Menschen zurückgeführt, der nur durch eine restriktive Bevölkerungspolitik gebändigt werden könne.

dieser Gesellschaftsordnung aufgebaut worden ist, trägt die Spuren dieses Fehlers. Am deutlichsten zeigen das immer die Notzeiten. Ist die untere Schicht schon in normalen Zeiten von Mangel betroffen, so zeigt sich in Notzeiten bei der unteren Schicht dieser Mangel doppelt. Auch die heutige Zeit zeigt das wieder. Wenn die Gesetzgeber auch noch so sehr versuchen, durch allerlei Maßnahmen und Gesetze eine gerechte Verteilung durchzuführen, so wird auch mit den schärfsten Maßnahmen es nicht gelingen, daß die untere Schicht nicht mehr oder weniger Mangel leidet, wie die obere Schicht. Wir wissen es ja nur nicht, weil das Volk (d.h. das arme) sich nicht Luft machen und ausschreien kann.

Wenn wir heute eine Bevölkerungsdichte von 50 statt 136 auf dem qkm hätten, könnten wir genügend Lebensmittel erzeugen, hätten dann auch keinen Krieg. Man sieht jedes Problem hat auch zwei Seiten. Das Prinzip von Raum und Volk wird m.E. auch mit diesen Mitteln nicht gelöst werden können. Wie kommt es denn eigentlich, daß in der Welt fortgesetzt, von Jahrhundert zu Jahrhundert Revolutionen entstehen? Doch wohl nicht daher, daß es den Menschen zu gut geht. Nein, Revolutionen sind Bewegungen, wo sich eine unterdrückte Klasse gegen ihre Bedrücker auflehnt. So wars im alten Rom, so war es im Mittelalter und so war es in der Neuzeit. Letzten Endes geht es immer darum, daß die Unterdrückten auch an den leiblichen und geistigen Gütern der Kultur teilhaben wollen. Nicht wie heute gesagt wird, daß sie sie allein besitzen wollen, nein, sie wollen nur teilhaben, und das steht ihnen m.E. als den Schaffenden auch zu. Daher auch das Streben nach Gleichberechtigung.

Heute in dieser Zeit haben es die armen Frauen besonders schwer. Schlange stehen, um Gemüse zu bekommen, um am Schlusse doch leer auszugehen. Zeigt sich auch hier nicht der Unterschied zwischen den Schichten. Die reiche Frau schickt ihr Dienstmädchen, die arme muß selbst sehen, daß sie was bekommt. Überall wohin wir sehen, springt einem der Unterschied kraß entgegen, so wars vor, so ist es mit H.[itler] und solange wirds so sein, bis wir eine andere Gesellschaftsform haben werden.

Über die Lage ist nicht viel zu sagen. Die Dunkelheit, die wir bei der Verdunkelung haben, scheint auch die Köpfe noch dunkel zu halten.

Gesundheitlich geht es mir augenblicklich nicht sehr gut. Es ist ein Zustand, daß man sich manchmal am liebsten in einen Winkel verkriechen möchte, um nur nichts zu sehen und zu hören. Und doch muß man es ertragen. Wer weiß wie lange noch.

Ob nun der Krieg bald in ein anderes Stadium tritt? Gemunkelt wird ja immer allerlei, aber auf diese Parolen kann man keinen Eid schwören. Es wäre schon gut, wenn der Krieg bald aus sein würde, denn Gutes haben wir von ihm doch nicht zu erwarten, höchstens kann er immer nur noch mehr Opfer an Gut und Blut kosten. Ich glaube aber nicht, daß dieses Frühjahr und dieser Sommer so ruhig hingehen werden, wie die vergangene Kriegszeit. Ich glaube auch, daß wir noch mehr Mangel leiden wie bis jetzt. wir können es nicht ändern und können nur sagen: Alles Blut über denen, die die Schuld tragen.

E. Borbeck den 23.3.40

Ostern! Morgen ist Ostern. Ein Ostern, daß uns nicht aus der Erinnerung kommen wird.

Meine Lieben! nicht uns, sondern Euch! Euch, meine lieben Kinder und auch dir liebe Frau, denn ich glaube nicht, daß ich noch einen weiteren Ostern erleben werde. Ich habe ja schon oft in vergangenen Tagen geschrieben, daß ich das Ende meiner Tage kommen glaubte und immer wurde mir noch eine weitere Lebensfrist beschieden. Jetzt aber glaube ich, daß es bald so weit ist oder mein Zustand müßte sich nochmals überraschend ändern; aber ich glaube nicht daran, weil ich fühle wie sich mein Zustand von Tag zu Tag verschlechtert.

Wenn man bedenkt, daß schon seit dem Jahre 1934 das Leiden bei mir besteht, dann brauche ich nicht zu betonen, daß ich meinen Zustand einigermaßen kenne. Als das Leiden zuerst auftrat, war es nur an einer Stelle zu spüren. Allmählich hat es sich über den ganzen Unterleib ausgedehnt und steigt auch jetzt bis zur Brust hinauf. Wenn es sich hier weit genug ausgedehnt hat und an das Herz oder sonstige edle Teile angreift, dann wird es wohl so weit sein und nicht mehr lange dauern.

Das sind sechs Lebensjahre, die alles andere als Leben zu bezeichnen sind. Sechs Jahre nur ein halber Mensch zu sein, sich nicht regen zu können, körperlich und geistig, stets Schmerzen zu leiden, einmal weniger, dann wieder mehr, von den Freuden des Lebens fast vollständig abgeschlossen, vergessen von den meisten, das sind meine 6 letzten Lebensjahre gewesen.

Ein Mensch, der wie ich geistige Regsamkeit besaß, der geselligen Gedankenaustausch liebte, ein bitteres Schicksal. Und nun noch das seelische Leiden mit Hans, dazu die körperlichen Leiden, daß muß auf die Dauer auch den kräftigsten Menschen zermürben. Und nun nimmt das Leiden immer schärfere Formen an, die Schmerzen werden größer und das schlimmste ist, die Kräfte lassen nach. Wenn ich in den 6 Jahren auch gelitten habe, so war doch einige Kraft vorhanden dagegen sich zu stemmen. Heute aber ist die Kraft geschwunden und mit ihr auch die Energie.

Es liegt ja eigentlich nicht viel daran ein solch qualvolles Leben weiterzuführen, wenn mann allein stände im Leben. Aber man hat ja Angehörige. Wenn diese sichergestellt wären, dann fiele es leichter. Alles klagen und sinnen hat aber keinen Zweck, denn ändern kann man ja doch nichts daran.

Meine Lieben! Was ich war und was ich bin , das wißt ihr und das weiß jeder. Mein Leben liegt offen vor Euch, wie ein Buch und wer im Leben seine Pflicht getan, darf mit Ruhe darauf zurückblicken. Wir Menschen sind ja natürlich alle dem Irrtum unterworfen und es ist also nicht ausgeschlossen, daß auch mir Irrtümer unterlaufen sind. Wer aber will sich ermessen zu sagen, was ist Wahrheit. Es genügt wenn man bestrebt gewesen ist, die Wahrheit zu suchen. Ob wir sie gefunden haben, kann nur die Zukunft entscheiden.

Ich habe ja mein Leben, meine Arbeit, mein Glauben und mein Hoffen in den Blättern niedergelegt, denen ich die Überschrift gab: „Mein Leben!". Ich hoffe, daß es von meinen Kindern mit Aufmerksamkeit gelesen wird. Auch in den Briefen habe ich Gedanken ud Mahnungen für Euch aufgeschrieben. Trotzdem möchte ich nochmal sagen und mahnen: Kinder vergeßt Eure Mutter nicht. Schwer wird es sein, die beiden Hans und Johanna nicht mehr zu sehen. Johanna hat sich ja freiwillig von uns geschieden und wir haben es gewußt, aber Hans, der arme Junge, wie wird es ihn treffen? Hoffentlich bekommt er alle Zeilen nochmal zu Gesicht. Ja mein lieber Hans, das wünsche ich, damit aus den Zeilen dir doch wenigstens meine Liebe noch entgegenströmt, die du die Jahre des Zwanges hast entbehren müssen. Wenn sie auch immer da war und mit einigen nichtssagenden Zeilen gegeben werden konnte, viel, viel hast du entbehren müssen. Und du, liebe Johanna! Ich weiß nicht ob du diese Zeilen lesen wirst. Doch gleich! Alles gilt auch für dich. Wenn du auch in deinen Anschauungen den meinen konträr gegenüberstehst, hat das in meiner Liebe zu dir nichts ändern können. Ich habe immer im Leben den Grundsatz vertreten, daß man seine Überzeugung hochhalten, aber auch die anderer achten und tolerieren soll. Darum kannst auch du überzeugt sein, daß ich dich deswegen nicht weniger lieb habe. Lene, Josef und der kleine Manfred kennen mich ja. Sie werden wissen, daß von mir ein liebes Wort mehr bedeutet als wenn ein anderer einen ganzen Liebessermon macht. Liebe kann man fühlen ohne große Worte. Mutter weiß das auch und muß es wissen, daß auch alles gesagte auch für sie gilt. Ich würde mich freuen, noch Jahre mit Euch allen zusammen zu sein, doch gegen des Geschickes Mächten, ist kein ewiger Bund zu flechten!

Eine Sorge habe ich und das ist nachher das Leben der Mutter. Wäre Hans hier wäre es leichter; aber bei der niedrigen Rente fällt es schwer auszukommen. Ich hoffe aber doch, daß die Kinder soviel Gefühl haben, die Mutter nicht im Stich zu lassen.

Außerdem wünsche ich, daß nachdem nochmal im Namen der Mutter ein Gnadengesuch eingereicht wird. Menschen die es schreiben können finden sich schon. Vielleicht hat es dann Erfolg.

Eins noch wünsche ich. Alles so einfach wie möglich. Und sonst haltet euch an Bernhard Lummer, er kann Euch auch beraten.

So leb denn wohl du schöne Welt. Wir haben gelebt, geliebt, gekämpft und gestritten und ganz wird unser Name nicht vergessen sein. A.K.

E.Borbeck den 3.4.1940

Ich hatte geglaubt, daß die Eintragungen von Ostern, die letzten sein würden, aber wie ich schon in diesen Zeilen sagte: Man kann nichts voraussehen. Vielleicht kommt bei Wohlbefinden (so wie es bei mir Wohlbefinden ist) etwas Überraschendes. Wer weiß es? Ganz gleich. Die Zeilen vom 23.3. gelten deshalb doch und könnten als Schlußrelief gebucht werden. Nun heute mal wieder zu den Tagesfragen.

Augenblicklich veröffentlicht die deutsche Regierung ein Weißbuch in dem 16 Dokumente veröffentlicht sind, die ihnen in Warschau in die Hände gefallen sein sollen. Diese Dokumente sollen bekunden, daß die Demokratien an dem Krieg schuld sind. Sie stellen sozusagen die Vorgeschichte des Krieges dar. Bei den Dokumenten handelt es sich meistens um Briefe des polnischen Botschafters an das Polnische Außenministerium. Vorausgesetzt, daß die Dokumente echt sind, dann muß man die Dummheit der poln. Regierung bewundern, die solche Dokumente nicht vernichtete. Es würde zu weit führen, jedes einzelne Dokument zu besprechen, aber alles in Allem gesehen, bringen diese Briefe nicht viel Neues! War denn das Ziel der demokratischen Staaten ein Geheimnis? Nein wahrlich nicht! Jeder einsichtige Mensch mußte wissen, daß die Wünsche und das Ziel der Nationalsozialisten und der Faschisten naturnotwendig zum Kriege führen mußte. Warum hat man bis zum Tage der Machtergreifung nicht vom Kriege sprechen hören?

Erst die Nationalsoz. und Faschisten haben durch die Schaffung der autoritären Staaten, und durch die Betonung des Nationalismus die Kriegspsychose heraufbeschworen. Ich habe ja schon im vergangenen Jahr darüber geschrieben und brauche nicht viel zu wiederholen.

Sehe man auf Japan, wie es seinen Machtberich über einen Teil, ja über einen sehr großen Ostasiens ausdehnt. Nicht in friedlichem Wettbewerb, nein, mit Waffengewalt will es den Chinesen und Mongolen ihre Kultur bringen. Verwüstete Gebiete, Hekatomben von Menschen Opfer (Kämpfer und Nichtkämpfer) sind das Ergebnis. Weil Japan Raum braucht, muß China bluten. Man bringt doch nicht die **Kultur** dorthinein um der Chinesen willen. Weil Japan sich vermehrt wie die Karnickel, deswegen muß China erobert werden. Es ist kein Platz mehr da, also muß man sich welchen erobern. Genau wie zur Zeit des Dschingis Khan.

Genau so liegt die Sache bei Italien, auch einer der autoritäten Staaten. Mussolini, einst einer der extremsten Sozialisten, dann Kriegshetzer gegen Deutschland, dann glühender Faschist und endlich Diktator Italiens, ist genau so ein Kulturbringer. Weit braucht man nicht zurückzudenken. Abessinien sagt uns genug. Die Kolonien, die es besaß waren groß genug, um Menschen unterbringen zu können. Aber Abessinien mit ihren Rohstoffen hatte es ihm angetan. Was scheren mich schon die Rechte anderer? Ein kleines wehrloses Volk wird niedergeworfen und wenn es sich nicht fügt, wird es vernichtet. Um der Karnickelpolitik gerecht zu werden, muß ein anderes Volk vernichtet werden. So brachte Italien Abessinien die Kultur und gliederte Albanien an[67]. Man vertrieb den König von Albanien und nun ist der Staat unser. Warum vertreibt man dann den König von Italien nicht. König ist doch nicht der König von Italien, sondern Mussolini.

Und nun der dritte autoritäre Staat: Deutschland, Österreich, Sudetenland, Tschechoslowakei, Memelland u.s.w., diese Affären liegen noch nicht lange zurück. Grund zu diesem Ausdehnungsdrang soll auch, wie man sagt sein, diesen Menschen die Kultur, die Befreiung zu bringen. Ob diese Menschen die Kultur und Befreiung haben wollen ist Nebensache. Wir brauchen Raum und Macht und nehmen uns was wir brauchen. Die Volksvermehrung kann dann lustig weitergehen. Zu diesem Kreis oder Dreigespann gesellt sich nun noch Rußland. Raum in Hülle und Fülle. Aber wir müssen Häfen haben und deshalb nehmen wir sie uns. Wir sind eben stärker wie die anderen.

So die Vorgeschichte des Krieges. Braucht man sich wundern, wenn die Staaten Fühlung nehmen, wenn sie sich über Möglichkeiten klar werden. Sind diese Dokumente denn nun wirklich von so ungeheurer Bedeutung (immer vorausgesetzt, daß sie echt sind), als wie man sie hinstellt; erregen sie, wie die Presse schreibt, in den anderen Staaten solches Aufsehen? Wir können es hier nicht beurteilen. Meines Erachtens konnte ein kluger Politiker 1933 schon sehen und fühlen, wohin die Reise ging und ich glaube, daß viele Politiker von der Entwicklung nicht überrascht waren. Wohl werden manche überrascht worden sein, von der Haltung einzelner Staaten und die Zukunft wird noch mehr Überraschungen bringen; aber ich glaube, die zu unseren Gunsten sind bald alle.

Wenn man alle diese Faktoren entwicklungsmäßig wertet, dann kann

67. Am 7.4.1939 hatte Italien Albanien annektiert.

man mit Recht die Frage stellen: Wo liegt die Schuld am Kriege? Ist es nicht eine Kette von Ereignissen und Entwicklungstendenzen, die zwangsläufig zu diesem Kriege führten? Sie hier alle aufzuführen ist nicht möglich. Nur einige. Der Weltkrieg war das Vorspiel zu diesem Kriege und da alle diese Kriege eigentlich in der kapitalistischen Wirtschaft und Gesellschaftsform ihre Ursache haben, wird dieser Krieg nicht der letzte sein, sondern das Vorspiel zu wieder einem Kriege und dies wird sich solange wiederholen, bis die Völker endlich einsehen, daß es auch ohne Kriege geht, und endlich den Mammonsgott Kapitalismus zum Teufel jagen.

Heute sieht es allerdings aus, als wenn das noch sehr lange währen würde. Doch die Zeiten können sich auch schnell ändern. Wenn man jetzt manchmal die Zeitungen liest und auch die Karikaturen dazu, wo man den englischen Kapitalisten beschimpft und für den Krieg verantwortlich macht, dann möchte man darüber lachen. Eigentlich müßte man ja darüber weinen, daß sich ein Volk solchen Kohl vorsetzen läßt. Gehören denn in Deutschland alle Werke und Produktionsstätten, auch Grund und Boden, den Arbeitern? Ist Krupp, Rhein. Stahlwerke und wie sie alle heißen, sind das etwa keine Kapitalisten? Machen Krupp und die anderen etwa ihre Granaten und Geschütze umsonst oder verdient er daran. Also wenn man diesen Schmok hört dann möchte man doch bald glauben, daß man dem Deutschen alles vorsetzen kann. Ist Grund und Boden etwa kein Privatbesitz mehr? Sind die großen Güter schon alle aufgeteilt? Hat Deutschland keine Großgrundbesitzer mehr? Also wenn schon die Kapitalisten schuld sind, warum dann unsere nicht, warum nur andere?

O du heiliger Florian, verschon mein Haus, zünd andere an. Propaganda machen ist eine große Kunst, aber Kriegspropaganda noch viel größer. Wo liegt die Wahrheit?

18.4.40

Gut 14 Tage sind vergangen seit meinen letzten Eintragungen. Wenn ich einige Tage einigermaßen gut im stande war, so quält mich jetzt mein Leiden um so stärker. So geht es ja immer. Man glaubt es ginge besser, arbeitet ein wenig, übernimmt sich dabei und schon hat man sich eingebildet krank zu sein wie viele sagen. Ich wünschte denen nur ein halbes Jahr meinen Zustand, dann würden sie anders reden. Na es ist eben nichts daran zu ändern.

Zu den Tagesfragen ist heute sehr viel zu sagen. Die letzten 14 Tage haben sehr viele überraschende Ereignisse gebracht, die sehr eigenartig anmuten und wirken. Die deutschen Truppen sind in Dänemark und Norwegen eingefallen.[68]

Wenn man diese Tatsache objektiv würdigt oder würdigen will, dann darf man sie nicht als Deutscher oder Engländer betrachten, sondern als vollständig Fernstehender, der mit den Nationen die am Krieg beteiligt sind nichts zu tun hat und also den Dingen unbefangen gegenübersteht. Erst dann kann man die Dinge objektiv beurteilen. Selbst viele alte Menschen, von denen man es voraussetzen müßte, können bei der Überdenkung einer Sache, die deutsche, oder die Nation der sie angehören, [nicht] ausschalten und so selten ein objektives Urteil fällen. Aber wir wollen es versuchen.

Schon seit Beginn des Krieges haben wir in unserer Presse fortgesetzt lesen müssen: Hier ist ein britisches Flugzeug über neutrales Gebiet geflogen, dort hat ein br. Flugzeug etwas abgeworfen, hier ist die Neutralität verletzt worden. Dann heißt es in der Presse, die Engländer wollten in Holland landen. So zieht sich wie ein roter Faden diese Nachrichten durch die Presse, bis vor kurzem dann die Nachricht durch die Presse ging, die Engländer hätten in dänischen und norwegischen Hoheitsgewässern Sperrminen gelegt und beabsichtigten in Norwegen zu landen. Schlagartig erfolgte danach die Überrumpelung und die Besetzung Dänemarks und die Landung in Norwegen. Ob nun die Nachrichten über die englische Absichten wahr sind oder nicht, wollen wir gar nicht untersuchen, nur folgendes feststellen. Hatte England Interesse daran, daß keine Erze und sonstige Sachen nach Deutschland gelangen? Jawohl, daran hatte England Interesse und um den Transport zu unterbinden, hat es vielleicht (vielleicht sage ich), Minen gelegt. Hatte England aber auch Interesse daran Norwegen zu besetzen? Nein, denn m.E. hätte England dadurch keine bessere Basis für den Krieg gegen Deutschland gewonnen.

Anders Deutschland. Von den Küsten Norwegens hat sie eine Angriffsfläche für den Luftkrieg gegen England gewonnen; aber muß auch viele Truppen konzentrieren. Das ist die militärische Seite dieser Sache.

Nun die rechtliche Seite. Wenn England nun wirklich eine Neutralitätsverletzung gegen Dänemark und Norwegen begangen hatte, was ja wohl nicht abzuleugnen ist (immer vorausgesetzt, daß unsere Zeitungsnachrich-

68. Am 9. April hatte das sogenannte „Unternehmen Weserübung", die Besetzung Dänemarks und Norwegens unter Verletzung der Neutralität beider Staaten begonnen, um die deutschen Erzlieferungen aus Schweden, die über den norwegischen Hafen Narvik abgewickelt wurden, abzusichern und eine Basis für den Luft- und Seekrieg gegen Großbritannien zu gewinnen. Mit der Kapitulation der norwegischen Streikräfte am 10.6.1940 war die Besetzung offiziell abgeschlossen.

ten nicht nur Kriegspropaganda sind)[69], dann war es Sache dieser Staaten die Verletzung der Neutralität abzuwehren oder zu ahnden. Jedenfalls steht eins fest, daß Dänemark und Norwegen die Deutschen nicht zu Hilfe gerufen haben. Also haben sie unter Bruch der Neutralität die Staaten überfallen und mit Waffengewalt besetzt. Das geht aus den Kämpfen in Norwegen hervor. Daß das ein viel größerer Neutralitätsbruch, eine viel größere Verletzung der Neutralität bedeutet, als wie der der Engländer wird wohl keiner abstreiten können. Eigenartige Methoden der Kriegsführung. Man scheut sich nicht, die Kriegsschauplätze in die neutralen Länder zu legen unter dem gröbsten Rechtsbruch sogar.

Das sind die Methoden der heutigen Zeit, wo so gegen Treu und Glauben gehandelt wird. Man soll die Dinge mal objektiv überdenken. Ohne Kriegserklärung Einmarsch in Polen. Jetzt ohne Kriegserklärung Einfall in Dänemark und Norwegen. Ohne Kriegserklärung Einmarsch Rußlands in Finnland trotz Nichtangriffspakt. England und Frankreich haben Deutschland nicht überfallen, sondern regelrecht den Krieg erklärt. Das klingt ganz nach napoleonische Zeiten, nach Napoleon dem Ersten, der auch keine Neutralität der kleinen Staaten gelten ließ und durch seine Rechtsbeugung auch sein Waaterloo [sic!] gefunden hat.

Jetzt taucht die Frage auf, welche neutralen Staaten werden jetzt in Mitleidenschaft gezogen werden und da ist es wieder interessant die Schreibweise der Presse in den letzten Tagen zu beobachten. Man hat noch nicht gehört, daß in den holländischen und belgischen Hoheitsgewässern Minen gelegt seien; aber desto mehr wird über eine Landungsabsicht der Engländer in Holland und Belgien geschrieben. Ob die Engländer die Absicht haben daran zu glauben fällt schwer. Wenn sie es machen wollen wie Deutschland, dann wären sie mit einem kühnen Zug in Belgien und Holland, ohne an der holländischen Küste landen zu müssen. Ob die Suggerierung dieses Gedankenganges durch die Presse auf unser Volk nicht das Vorspiel zu der Besetzung von Holland und Belgien ist. Warum dort so viele Truppen. Aber man schreibt so, um den Schritt wenn man ihn getan hat, besser entschuldigen zu können. Dann wird unser Land wenigstens kein Kriegsschauplatz.

Haben wir nun durch die Besetzung dieser Länder eine Besserung

69. Tatsächlich hatte der Oberste Alliierte Kriegsrat in London auf einer Sitzung am 28. März 1940 beschlossen, norwegische Gewässer zu verminen und Truppen in den Häfen Narvik, Stavanger, Bergen und Trondheim zu landen, um einer erwarteten deutschen Invasion zuvorzukommen. Die Verminung norwegischer Gewässer hatte einen Tag vor der deutschen Invasion am 8. April 1940 begonnen.

unserer Lebenshaltung zu erwarten? Ich möchte das bestreiten. Einmal leiden diese Staaten doch selbst Mangel. Sie haben selbst keine Rohstoffe und Lebensmittel genug und wenn man uns von dort welche senden will, muß man sie den dortigen Bewohnern entziehen. Allerdings braucht man sich auch über solche Maßnahmen nicht zu wundern. Schreibt doch die russische Zeitung „Iswestja", daß die deutsche Wirtschaft **zwangsläufig** dadurch gestützt würde. Also hier wie dort der Gedanke an Gewalt und Enteignung, also Rechtsbeugung bis zum Äußersten.

Nun taucht die Frage auf: Wird durch die letzten Ereignisse der Krieg länger dauern und wird er eine größere Ausdehnung bekommen. M.E. kann man diese Frage nur mit ja beantworten. Die Staaten auf dem Balkan werden auf die Dauer dem Druck des einen oder anderen nicht ausweichen können und zwangsläufig mit hineingezogen. So wird der Krieg allmählich eine immer breitere Basis bekommen und größere Ausdehnung und längere Dauer wird Voraussetzung sein.

Wer die Schuld an allen diesen Dingen trägt, daß wäre sehr interessant zu untersuchen. Zum Teil habe ich ja schon in dem 1. Buch viel darüber geschrieben. In der Zeit 1938–39 war alles noch Vermutung; aber heute kann man das damals Vermutete doch wohl schon als Gewißheit ansprechen. Ich sage immer wieder: die Schuld an diesem Kriege tragen die autoritären Staaten, weil sie die Politik des Völkerbundes verlassen und der Bündnispolitik Tür und Tor geöffnet haben.

Gestern hat Goebbels wieder einmal geredet und Bericht über das Winterhilfswerk erstattet. Er pries die Opferfreudigkeit des deutschen Volkes und wies auch auf die Metallspende hin, die jetzt gebracht würde. Wir wollten mal sehen, wenn nicht überall der Zwang dahinter stände, wie es dann mit der Opferfreudigkeit des deutschen Volkes aussehen würde. nebenbei gesagt: Wenn man schon nach gut 8 Monaten Krieg, gezwungen ist Denkmäler und sonstige Kunstgegenstände als Altmetall zu verwerten, dann muß es mit unseren Rohstoffen doch nicht so ganz rosig aussehen; oder sollten die Herrschaften auch so weit vorausschauend sein, daß sie mit einer langen Dauer des Krieges rechnen. Jedenfalls sind die schlimmsten Dinge noch zu erwarten.

Vor einigen Tagen schrieb die Zeitung, daß englische Flieger Bomben auf einen Bahnhof einer Kleinstadt abgeworfen haben. Wenn man die Sache oder den Krieg in dieser Weise betreiben wolle, dann müsse man auch darauf gefaßt sein, daß man Repressivmaßregeln ergreifen würde, also das heißt, daß man ihnen etwas Schlimmeres bereiten würde. Was soll das bedeuten, diese Drohung? Denkt man etwa an Bombardierung des Hinterlandes, oder denkt man an Gas? Abwarten was kommt.

30.4.1940

Wiederum sind 14 Tage vergangen, seit ich meine letzten Eintragungen machte. Inzwischen ist auch wieder ein Brief von Hans gekommen. In den letzten Monaten hatte er nur Karten geschrieben. Ob sie kein Papier bekommen, oder keine Briefe schreiben dürfen, wer weiß es. Es ist ja alles möglich. Ob sie das Geld, das man schickt, auch immer bekommen? Wer weiß ob die Schinder ihnen das Geld nicht noch zum Teil entziehen, um es zu anderen Zwecken zu verwenden. Man kennt doch die Methode, wie sie die Menschen hier im bürgerlichen Leben zu allen möglichen Opfern zwingen.

Warum immer das Sammeln nach Listen, zur Kontrolle etwa? Dann der Zwang auf den Werken. Es heißt ja immer: Der und der Betrieb hat beschlossen, dies und das zu opfern. In Wirklichkeit beschließt der Betriebsleiter und der Vertrauensrat, und derjenige, der dagegen opponieren würde, würde geächtet oder als Staatsfeind hingestellt. So sieht die Opferfreudigkeit aus, von der man so große Töne redet. Die Sammlungen für das W.H.W.[70] sind vorbei. Jetzt sammelt man für das DRKr.[71] Die Methode ist dieselbe. Außerdem sammelt man noch, um den Soldaten Päckchen schicken zu können. Die RK–Sammlung, mit der kann man sich noch befreunden, aber für Päckchen zu schicken, das muß man doch mal erst regelrecht untersuchen. Wenn im Weltkrieg den Soldaten vom Werk und Gemeinden geschickt wurde, dann kann man das als gut betrachten. Damals war die Unterstützung gering und die Löhnung niedrig. Die Familien waren kaum dazu in der Lage. Heute haben die Angehörigen der Soldaten (die ganze Familie eingeschlossen), mit Unterstützung, Löhnung und Verpflegung mehr Einkommen als wie sie durch ihre Arbeitseinkommen haben und jede Familie ist wohl in der Lage, ihren Soldaten selbst was zu schicken. Aber warum die Sammlungen? Ausgenommen davon sind nur die Soldaten, die keine Angehörige haben. Bei denen ist es etwas anders. Wofür im Laufe der Zeit noch gesammelt wird werden, wer weiß es. Metallspenden, Geldspenden u.s.w. Alles für Deutschland. Die Armen geben es ab und wie wird nun weiter gearbeitet. Gibt es Kanonen und Munition jetzt zum Selbstkostenpreis?

In diesen Tagen wurde auch der Zinsfuß für Diskont und Spareinlagen gesenkt. Der Zinsfuß beträgt für Spareinlagen mit Kündigung (kurzfristig und langfristig) noch 2 1/2 bzw. 2 3/4 %. Die Hypothekenzinsen, wie sind die und die Dividenden wie hoch stehen die?

70. W.H.W. = Winterhilfswerk
71. DRKr. = Deutsches Rotes Kreuz

Ich erinnere mich bei dieser Gelegenheit an die Ausführungen des Dr. Schlünz im Kursus über Volkswirtschaft und nicht nur Schlünz, sondern auch andere Volkswirtschaftler haben diesen Grundsatz vertreten. Sie sagen: Der Lebensstandard eines Volkes kann nicht an der Höhe des Zinsfußes gemessen werden. Niedrige Zinsen bedeuten noch lange nicht eine florierende Wirtschaft, und niedrige Zinsen sind noch lange nicht die Signatur für den Wohlstand eines Volkes. Er kann auch das Gegenteil bedeuten. Das hier bis ins kleinste zu deuten würde zu weit führen. Nur eins: Wenn wir nicht in einer teilweisen Zwangswirtschaft lebten, dann würde der Staat eben sowenig Kredite haben,wie die Privatwirtschaft. Aber den Großen werden Vorteile geboten, die die Kleinen nicht haben. So fällt es den Kleinen schwer Geld zu leihen, während es den Großen besondere Vorteile bringt. (Siehe Steuergutscheine).

Morgen ist wiederum der erste Mai. Rudolf Hess wird reden. Was er reden wird kann man schon ungefähr wissen, ehe die Rede vom Stapel gelaufen ist. Eine neue Walze mit etwas umgesetzten Lettern. Es ist ja gleich ob Hitler, Hess, Goebbels oder Goering die Rede halten, wird sie doch auf den gleichen Ton gestimmt sein. Herrlichkeit der Arbeit, Einsatz mit aller Opferbereitschaft, tapferes deutsches Heer, Kampf bis zum endgültigen Sieg und das Volk steht hinter uns, Treuebekenntnis zum Führer und die Walze ist abgelaufen. So wird morgen der erste Mai aussehen. Im übrigen kann ich bei dieser Gelegenheit auf die Maigedanken hinweisen die ich im ersten Buch am ersten Mai geschrieben habe.

Wer kennt in Deuschland noch die Freiheit der Rede und des Wortes, wer noch den der Freiheit der Schrift und Freiheit des Handelns schon gar nicht mehr, ja noch kaum die Freiheit des Gedankens. Wenn es in Deutschland Gedankenleser gäbe, dann würde mancher wegen Gedanken im Kl. sein. So Deutschland im Mai 1940.

In Norwegen gehen die Kämpfe scheinbar noch weiter. Einmal heißt es, es sind keine Engländer gelandet, am anderen Tage heißt es, es sind keine Norweger mehr an den Kämpfen beteiligt und wie die Nachrichten sonst alle heißen. Dann sind soviel Engl. und und Norw. gefallen und verwundet und gefangengenommen. Wieviel Verluste wir haben, davon nichts. Einmal so und einmal so.

Jetzt veröffentlichen die Zeitungen wieder eine große Dokumentensammlung, die sie in Oslo beschlagnahmt haben wollen und bei englischen und norw. Offizieren gefunden haben wollen. Also ist die engl. und norw. Regierung genau so dumm, wie die polnische und läßt sie kompromittierende Schriftstücke in die Hände der Deutschen fallen. Genau wie nach dem Feldzug in Polen, genau so prompt sind die Dokumente in Norwegen den Gegnern entrissen worden. An der Echtheit der Dokumente wird wohl in Deutschland keiner zu zweifeln wagen. So fällt allmählich die Schuld auf

Feierstunde der Schaffenden

Rudolf Heß verkündet den vierten Leistungskampf der Betriebe

Die Tagung der Reichsarbeitskammer in Essen

J.R. Essen, 3. Mai. Die feierliche Tagung der Reichsarbeitskammer, in deren Rahmen der Stellvertreter des Führers Rudolf Heß den im Sinne der Volksgemeinschaft geführten Betrieben die Auszeichnung „Nationalsozialistischer Musterbetrieb" verlieh, war die einzige offizielle Veranstaltung am Tag der Nationalen Arbeit 1940. Der Ort dieser Tagung wie auch die schlichte äußere Aufmachung trugen den Zeitumständen durchaus Rechnung.

Das deutsche Volk feierte trotz Krieg den 1. Mai. Der äußere Ablauf des Festes war schlicht und einfach, wie es sich im Kriege gehört. Die offizielle Veranstaltung fand in der Metropole des Ruhrreviers in einem der größten deutschen Rüstungsbetriebe, bei der Fried. Krupp AG., statt. Von vornherein war dadurch zum Ausdruck gebracht, daß die Arbeit des deutschen Volkes jetzt erst recht der Rüstung gilt, daß Front und Heimat als Arbeitsgemeinschaft aufs engste miteinander verbunden sind.

Die gewaltige Lokomotivbauhalle der Fried. Krupp AG., in der die Tagung stattfand, ist eine historische Stätte. In

(Fortsetzung auf Seite 2)

Aufn.: NZ. (Wilmkes)

Der Stellvertreter des Führers, Pg. Rudolf Heß, verkündet auf der Tagung der Reichsarbeitskammer in Essen die Eröffnung des vierten Leistungskampfes der Betriebe (Seine Rede und weitere Bilder veröffentlicht die NZ. im Innern der heutigen Ausgabe)

Bericht der Nationalzeitung
zur Rede von Rudolf Heß am 1. Mai 1940

England und Frankreich an der Entfesselung und Ausweitung des Krieges.

Wie konnte nun 1932 eine Zeitung schreiben: Fasch. Nats. bedeutet Krieg wo sie doch daran so unschuldig sind wie die Bählämmer. Jetzt wird also der Engländer wohl an die Ausweitung des Krieges auf Holland und Belgien gehen. Und wenn die Sache so weit ist, wird dann Deutschland besetzen, und die holländische und belgische Regierung auch so dumm sein die Dokumente zu vergessen, damit sie den Deutschen in die Hände fallen. Und unten auf dem Balkan sind auch noch neutrale Staaten wo der Krieg ausgeweitet werden kann. Rumänien, Bulgarien, Jugoslawien, Griechenland u.s.w. Dort gibt es auch noch Länder die früher zu Österreich gehört haben und eigentlich zu Deutschland müßten. Vielleicht sind auch für Rußland noch etliche zu holen. Zum Beispiel Bessarabien; oder man macht die Staaten zu Vasallen. Vielleicht sind da auch noch Dokumente zu finden, die noch eindeutiger die Schuld der Demokratien an der Entwicklung des Krieges beweisen.

Wenn Gerechtigkeit in der Denkart und Auffassung der Völker wäre, dann müßten sie sagen: Hand weg von den neutralen Staaten, ganz gleich ob es England, Frankreich, Deutschland oder sonst wer ist; aber alle Staaten, die die Kraft und Macht dazu haben, üben ja dieselbe Raubpolitik. Jeder Staat der ohne Kriegserklärung und vorhergegangene Verhandlungen einen anderen Staat überfällt, müßte für alle Zeit geächtet werden. Aber wer dann am meisten geächtet würde, darüber bedarf es keinen großen Kommentar.

So hat sich in einem kurzen Zeitraum von sagen wir 20 Jahren die Rechtsauffassung über Völkerrecht derartig ändern können, daß man sogar sich gar nicht mehr scheut vor direktem Rechtsbruch zurückzuschrecken. Einmal in diesem Fahrwasser gelandet, wird man auch für schlimmere Methoden nicht zurückschrecken und wir erleben ein grausames Zeitalter. Alles aber, was zu diesen Zuständen führt, liegt wieder nur im wahnsinnigen Übernationalismus, also grade in dem, was heute propagiert und großgezogen wird. „Es ist ja eben der Fluch der bösen Tat, daß sie fortzeugend Böses muß gebären!"

21.6.1940

Fast zwei Monate sind vergangen seit meinen letzten Eintragungen und große Ereignisse haben sich seitdem vollzogen. In den letzten Eintragungen deutete ich schon an, daß bald der Zeitpunkt dasein würde, wo Holland und

Belgien in den Krieg einbezogen würden und in einem kurzem Zeitraum danach trat das Ereignis ein.[72]

Vor gut vier Wochen rückte das deutsche Heer über die belgische und holländische Grenze und in unwiderstehlichem Angriff wurde Holland und Belgien erobert und sind bis jetzt fest in deutscher Hand. Man muß sagen, daß ein derartiges schnelles Vorgehen wohl von keinem erwartet worden ist. Daß man Holland und Belgien dazu benutzte um den Durchbruch zu erzwingen, war vorauszusehen. Aber das es so schnell ging, hat man wohl selbst beim Hauptquartier wohl nicht geglaubt. Es ist geschehen und heute, kurze Zeit danach, hat man fast ganz Frankreich schon erobert. Jedenfalls ist das der Überlegenheit des Materials unsererseits zu verdanken.

Ich will aber nicht über die militärische Leistung schreiben sondern über die Haltung der einzelnen Staaten. Ich will nur feststellen, ob meine Vermutungen und Gedanken, die ich vorausschauend in dem Tagebuch in den vergangenen Tagen aufzeichnete, richtig waren und sich auch ungefähr die Tatsachen so vollzogen haben. So kann man heute schon sagen, daß ungefähr alles so eingetroffen ist was ich niederschrieb.

Als wir in Belgien und Holland einmarschierten, erklärte uns die holländische und auch die belgische Regierung formell den Krieg. Viele Leute meinten hier, daß das eine große Dummheit von den Regierungen gewesen sei. Sie begründen das damit, daß ihre Truppen uns doch keinen Widerstand hätten leisten können. Das mag sein oder nicht sein. Die Tatsache hat ja bewiesen, daß es so war. Jedenfalls haben Belgien und Holland geglaubt, daß sie nicht so schnell erledigt sein würden. Abgesehen davon, muß man aber auch feststellen, daß beide Staaten ihre nationale Ehre gewahrt haben. Deutschland pocht ja auch ewig auf seine nationale Ehre, nur wenn andere das tun, dann ist es nicht richtig.

Nachdem Deutschland Belgien und Holland mit Krieg überzogen hatte, hielt Goebbels im Rundfunk eine Rede über die Ursachen, die zu dem Krieg mit Belgien und Holland geführt habe. Er sagte in seiner Rede, daß in Holland sich ein Bund gebildet habe, der unter englischem Einfluß stand und der die Kriegsstimmung gegen Deutschland geschürt habe. Ebenfalls in Belgien sei es so gewesen. Man hätte diesen Bund überwacht und sei frühzeitig in der Lage gewesen dem zuvor zu kommen. Auch aus den Dokumenten die aufgefangen wurden, sei klar hervorgegangen, daß man

72. Am 10. Mai 1940 hatte der Westfeldzug („Fall Gelb") mit dem deutschen Angriff auf die Niederlande, Belgien und Frankreich begonnen, der unter Verletzung der belgischen und niederländischen Neutralität erfolgte, die im August 1939 deutscherseits noch ausdrücklich garantiert worden war.

mit Hilfe Englands und Frankreichs das Ruhrgebiet zum Kriegsschauplatz machen wollte. Weiter sagte er, daß Belgien seine Truppen von der französischen Grenze fortgezogen und an die deutsche Grenze konzentriert hatten. Deshalb hätte Deutschland sich zu diesem entschließen müssen.

Darüber zu entscheiden, was richtig ist, ist schwer. Ich will gar nicht daran zweifeln oder mal unterstellen, daß Frankreich und England und Belgien und Holland diesen Plan vielleicht hegten. Ich sage vielleicht, bin aber auch davon überzeugt, daß der Plan Frankreich durch Belgien hindurch anzugreifen, um den Stellungskrieg durch den Bewegungskrieg abzulösen, was ja auch gelungen ist. Das ist die militärische Seite der Sache. 1914 war es genau so. Der Plan des General–Feldmarschalls von Schlieffen ging 1914 genau so dahin[73] wie jetzt und man braucht das Manöver ja nur um die Schuld daran den anderen Staaten aufzubürden. Wie weit deren Schuld geht, können und brauchen wir nicht zu untersuchen, da wir es nicht können und wir nur auf das angewiesen sind was wir hier hören.

Was in der Zukunft mit Holland und Belgien gemacht wird, darüber kann man nur Vermutungen heben. Es ist wohl zweifellos, daß man in beiden Staaten, die Rexelle[74] [sic!] Richtung in Belgien und die ebenfalls im gleichen Fahrwasser schwimmende Bewegung in Holland ans Ruder bringen wird, eine diktatorische Regierung bildet und sie deutschen Einfluß unterstellt und sie, wenn auch nicht formell, aber doch praktisch Vasallenstaaten Deutschlands werden. Vielleicht wird man ihnen auch noch einige Gebiete abnehmen, die uns gelegen erscheinen und von denen wir uns Nutzen versprechen. Hört man doch schon jetzt Pressestimmen und besonders Stimmen aus P[ropaganda]–Kreisen, die Belgier und Holländer seien den Deutschen stammverwandt.

Der Vormarsch in Frankreich geht schnell voran und es scheint zum Ende zu gehen. Eine französische Kommission ist zur Unterhandlung auf dem Wege zu Hitler und Mussolini. Man könnte nun fragen: Warum Mussolini? Man hat bisher immer gesagt, England wolle den Krieg ausweiten. Das aber nun der Krieg ins Mittelmeer getragen wurde und von wem muß jeder ohne Kommentar wissen. Mussolini entschloß sich in

73. Im Unterschied zum Schlieffen–Plan von 1914 erfolgte der deutsche Hauptstoß 1940 jedoch nicht durch Belgien, sondern als Panzervorstoß durch die Ardennen bis zur Kanalküste („Sichelschnitt“).

74. Gemeint ist die katholisch–faschistische Rexistenbewegung in Belgien unter ihrem „Führer“ Leon Degrelle.

letzter Stunde einzugreifen um an der Verteilung der Beute mitbeteiligt zu sein ohne viel Opfer bringen zu müssen.[75]

Welche Opfer wird Frankreich bringen müssen um den gewünschten Waffenstillstand und den Frieden zu erreichen. Wird man sich mit Elsaß–Lothringen begnügen und Italien mit Tunis und Korsika, wird man den Franzosen eine goldene Brücke bauen und ihnen tragbare Bedingungen stellen; oder wird man mit ganz brutaler Gewalt völlige Unterwerfung fordern? Beide Möglichkeiten haben etwas für sich. Aus einem Artikel der Nat.[ional] Zeitung könnte man, wie mir gesagt wurde, ersteres schließen; aber aus den Äußerungen Hitlers könnte man letzteres glauben.

Ich glaube Hitler wie Mussolini sind in diesen Punkten undurchsichtig und lassen sich nicht in die Karten sehen. Die nächsten Wochen werden ja darüber wohl Aufschluß geben. Was England machen wird, kann man noch nicht übersehen, denn bei dem angesammelten und aufgezwungenen Haß wird man England, selbst wenn es nachgeben würde keine leichten Bedingungen stellen.

Die letzte Zeit des Krieges wird an die Nerven noch rütteln seitdem der Krieg auch ins Hinterland getragen wurde. Ich glaube auch nicht fehlzugehen, daß er bis zum letzten Ende noch schlimmer werden wird. Unglückliche Menschen, Menschen die keinem ein Haar krümmen werden davon betroffen. Haßgesänge werden gedichtet in beiden Ländern und das Volk jubelt und freut sich, fragt nicht danach, was der Krieg an Opfer fordert, freut sich, wenn die anderen bis zum Weißbluten gepeinigt werden, denkt nur an Vergeltung, selbst protest. und kathol. Christen, ja jede Religionsgemeinschaft tutet in dasselbe Horn hier sowohl wie in England und denkt nicht an das Wort, das dem einzelnen sowie den Völkern gelten solle: „Mein ist die Rache, spricht der Herr!"

Moral und Ethik spielen hier keine Rolle. Es gilt nur ihnen das eine: Wir! wir! Was die anderen angeht, was geht das uns an. So sieht heute die Welt aus. Wo bleibt die Gerechtigkeit. Mutet es uns nicht an, als ob wir in einem Tollhaus lebten. Voraussichtlich wird der Faschismus sein Ziel erreichen, die Beherrschung Mittel– und Westeuropas mit seinem Anhang. Wird er sie benutzen der Welt Segen zu bringen? Ich glaube nicht, denn das System ist auf Gewalt aufgebaut. Wie lange wird er seine Gewalt erhalten können? Ich möchte wohl behaupten, daß eines Tages die Abrechnung und Vergeltung kommt. Wann, wissen die Götter!

75. Nachdem sich Italien aus dem Kriegsgeschehen zunächst herausgehalten hatte, hatte es am 10.6.1940 Frankreich und Großbritannien den Krieg erklärt.

Weihnachten 1940

Sechs Monate sind seit meinen letzten Eintragungen vergangen. In diesen 5 Monaten haben sich Ereignisse abgespielt, die die Welt in Erstaunen versetzt.

Frankreich wurde in kurzer Zeit bezwungen und im Wald von Compiegne, an historischer Stätte, der Waffenstillstand abgeschlossen. Elsaß Lothringen ist zu Deutschland geschlagen worden doch die endgültigen Friedensbedingungen sollen erst abgeschlossen werden, wenn auch England endgültig besiegt ist. Eupen und Malmedy ist auch wieder zum Reich zurückgekehrt.

Inzwischen hat sich der Krieg wieder ausgeweitet. Italien griff in den Krieg ein und die Kampfhandlungen wurden naturgemäß auch nach Afrika übertragen.[76] Man versucht die englischen Schutzgebiete zu erobern, um England seine Hilfsquellen abzunehmen. Die Italiener haben nach ihrem Heeresbericht auch Erfolge über Erfolge erzielt mit dem Ergebnis, daß die Erfolge doch nicht so groß sind als wie geschrieben wurde. In einem der Heeresberichte mußten sie zugeben, daß sie ihre Truppen bis Bardia wieder zurückziehen mußten. Also Ergebnis eigentlich gleich null oder doch fast gleich null. Jeder Bericht schreibt über Angriffe von englischen Stützpunkten, Vernichtung von Tonnage, Versenkung von Kriegsfahrzeugen, aber von der Einnahme von Stützpunkten nichts. Diese Angriffe werden nur von der Luftwaffe und Marinestreitkräften ausgeführt. Ob man deutscherseits nicht bald mehrere Armeekorps hinschickt? Vielleicht sind auch schon deutsche Truppen da, um die Italiener zu unterstützen.

Spanien mit seinem Führer Franco, der dritte vom Dreigestirn, hat die internationale Kanalzone besetzt und Ägypten dort ausgeschaltet.[77] Ist das Neutralitätsbruch oder von welchen internationalen Mächten ist Spanien der Auftrag dazu gegeben worden?

Eine weitere Ausweitung hat der Krieg genommen durch das Übergreifen auf Griechenland. Auch hier ist die Vorgeschichte wieder interessant. Schon Wochen vorher schrieb die offizielle und inoffizielle Presse Italiens, daß England versuche, Stützpunkte in Griechenland zu schaffen. Die griechischen Dampfer führen für England und warnten Griechenland die Aktion zu unterlassen, widrigenfalls sie zu anderen Mitteln greifen würden. Schon die Ermordung eines Albaners hatte großen Staub aufgewirbelt.

76. Am 12.9.1940 hatte Italien von Libyen aus mit einem Angriff gegen die britischen Truppen in Ägypten die Kampfhandlungen in Afrika eröffnet.

77. Eine spanische Besetzung des Suezkanals hat es niemals gegeben, da sich Spanien im Zweiten Weltkrieg strikt neutral verhielt.

Man stellte die Tat als einen politischen Racheakt dar. Vielleicht war es nur eine Tat der Blutrache, die ja bei verschiedenen Balkanvölkern überhaupt noch nicht ganz verschwunden ist. Ganz gleich, wir können die Wahrheit nicht ermitteln und müssen uns auf die Mitteilungen verlassen, die wir hier erhalten. Italien machte aber seine Drohungen wahr und landete in Griechenland. Es glaubt nun, Griechenland auch so überrennen zu können, wie wir Holland und Belgien, doch scheint es, als ob man nicht nur in Italien sondern auch in Griechenland Soldaten hätte. In welcher Zeit es Italien gelingt, kann man nicht sagen, vielleicht müssen auch dort wieder deutsche Soldaten eingreifen.[78]

In Rumänien ein Umschwung. Auch der Schiedsvertrag mit Rumänien ist interessant. Die Achsenmächte verstehen es außerordentlich gut, die Welt umzugestalten. Ob nun die Türkei auch bald in die Dinge hineingezogen wird und wie und mit welchen Argumenten man das begründen wird, darauf kann man wirklich gespannt sein.

Im deutschen oder vielmehr dem französischen, belgischen und holländischen Kriegsgebiet gibt es nur Geschütz– und Luftkämpfe. Doch am meisten wird der Luftkrieg wohl ins Hinterland verlegt. Unsere fliegen nach England und die Engländer nach Deutschland.

Nun haben wir wiederum Weihnachten. Hier wurde gesagt, daß Weihnachten keine Kampfhandlungen stattgefunden hätten. Ob das nun überall so gewesen ist, entzieht sich meiner Kenntnis. Wenn man nun bedenkt, daß unsere christlichen Kirchen, ganz gleich welche (auch die englische) ihre Missionare auch in jene Gegenden in Afrika geschickt haben, wo der Krieg tobt, und wenn man bedenkt, daß auch die nicht beteiligten Stämme die Dinge erfahren, dann kann man sich ungefähr ein Bild machen wie ihre Missionstätigkeit erschwert werden muß. sie sollen das Evangelium der Liebe predigen und die dortige Bevölkerung sieht, wie der politische Haß hohe Wogen schlägt. Mit Recht werden sie sagen können: Sorgt mal zuerst bei euch selbst, daß Liebe, Frieden und Eintracht bei euch, in euren Ländern herrscht, erst dann habt ihr ein Recht, anderen Völkern Liebe zu predigen und Recht. Euer Recht ruht ja nur auf der Spitze des Schwertes. Laßt uns zufrieden und uns unser eigenes Leben leben, dann sind wir glücklicher.

Wir denkende Menschen wissen ja, daß alles was geschieht in dieser Beziehung mit der Religion und dem Christentum nichts zu tun hat. Nicht

78. Tatsächlich griffen deutsche Truppen ab dem 6. April 1941 mit dem Überfall auf Jugoslawien und Griechenland auf dem Balkan ein, um die Bildung einer alliierten Balkanfront zu verhindern.

die Verbreitung des Christentums ist die Ursache zu der Eroberung, sondern andere Ursachen, die ich schon früher geschildert habe.

Und nun ist das zweite Kriegsweihnachten da. Hitler hat ja einmal gesagt (ich glaube es war im Sommer), Weihnachten seid ihr alle wieder zu Hause. Es war ein Fehlschluß.

Ob man schon mal den Versuch an der englischen Küste zu landen gemacht hat, ich weiß es nicht. Der Krieg scheint mehr in einen langen Luftkrieg und Wirtschaftskrieg auszuarten.

Und wieder Weihnachten und noch immer donnern Geschütze, noch immer surren Flieger, noch immer fallen Bomben und man ruft Frieden auf Erden. Noch immer heißt es, Kampf bis zum endgültigen Sieg. Man hofft auf den Herrgott und während man das Weihnachtsfest feiert und mit Jubel die Kinder beschert und um den Weihnachtsbaum die alte Legende träumt, verbluten anderswo Menschen, die sich nie etwas anderes getan haben. Nur gehören sie einem anderen Volke an. So sieht es heute aus, am 2. Kriegsweihnachten.

Stände doch endlich ein neuer Heiland auf der mit gebietender Gewalt den Frieden brächte. Doch die Menschheit kann nur selbst wahrmachen den Spruch:

Frieden auf Erden!

Neujahr den 1. Januar 1941

Gedanken zum Jahreswechsel.

Jahreswende! In jedem Jahre, am letzten Tage des Jahres ist es üblich fast in der ganzen Welt, den Abschied vom alten Jahre zu feiern. Es ist ein schöner alter Brauch und es wäre schade, wenn dieser alte Brauch verschwinden würde. Überall in den verschiedenen Kreisen wird er auch gefeiert. Die Kirchen feiern ihn mit Gebet und Andachten in würdiger Weise. In den verschiedenen Kreisen wird er mit Festakten beschlossen; aber in den meisten Fällen wohl in Freundes– und Verwandtenkreisen, in gemütlichem Zusammensein; aber auch in vielen Kreisen in Alkoholexzessen. Ich bin überzeugt, daß bei manchen nur die Freude über einen Vergnügungsabend vorherrschend ist, ohne sich tiefere Gedanken über die verflossenen Dinge des vergangenen Jahres zu machen. Zu lernen aus dem Vergangenen vermögen sie nicht. Nur weil es schön ist zu trinken und lustig zu sein, deshalb der Brauch.

Wir aber wollen uns der Dinge erinnern und dann aus diesen unsere Schlüsse ziehen. Was hat uns denn das alte Jahr hinterlassen? Bisher kann man nur sagen: Nichts anderes als was uns 1939 hinterlassen hat.

Wenn wir im Jahre 1940 auf den Frieden gehofft haben, so ist unsere Hoffnung zu Essig geworden. Wenn wir auf eine bessere Lebensweise gehofft haben, so haben wir eine Enttäuschung erlitten. Wenn wir gehofft haben, mehr Freiheit zu erhalten, so ist auch das ins Wasser gefallen. Wenn unsere Lage im allgemeinen keine Verschlechterung erfahren hat, so ist sie auch nicht besser geworden. Und eines noch, das wir so sehnlichst erhofft haben, ist auch nicht eingetroffen. Allerdings war die Hoffnung nicht allzu groß, daß uns das Jahr Hans wiederbringen würde; aber doch war sie da, und daß uns diese Hoffnung wieder geschwunden ist, ist wohl die größte Enttäuschung, die uns das alte Jahr hinterlassen.

Jahreswende! Ja haben wir am Anfang des Jahres uns nicht gesagt: Vielleicht in diesem Jahr. Haben wir uns nicht oft gesagt: Endlich muß man auch diesen Leuten wieder ihrem Kreis zurück geben und alles vergeblich. Ist es nicht geradezu ein Hohn von Liebe zum Volk zu reden, wenn der politische Haß solche Orgien feiert. Wenn wir uns vergegenwärtigen, daß Menschen die immerfort von Heroismus reden, kaum ein Bedauern für ihre Opfer haben. Und das bitterste ist es, daß frühere Freunde und angebliche Freunde, nur noch ein Gedenken an ihn haben. Wenn wir nun schon das Bittere, das hierin liegt empfinden, wie muß erst demjenigen zumute sein, der nun die Jahre dort nutzlos, sanglos und klanglos, verbringen muß, der losgelöst und ausgestoßen von der Gesellschaft rechtlos hinter Stacheldraht sitzt. Und alles um ein Nichts, daß früher mit einigen Monaten Festungshaft geahndet wurde. Was mögen alle die Tausende einen Gedanken in sich tragen am Schluß des Jahres, daß auch ihnen allen sich der Wunsch nach Freiheit erfüllen sollte. Denken sie nicht alle daran, an die schönen Feiern des Sylvestertages, und empfinden sie dann nicht doppelt ihr bedauernswertes Los? Ja, Hans, und auch alle ihr Unbekannten, die ihr das gleiche Schicksal teilt, ich fühle und denke mit euch. Möge jene, die euer Los verschuldeten, doch einst die Vergeltung treffen, mit aller Wucht!

Was würdest du Hans, dich gefreut haben, wenn auch du im Kreise deiner Lieben vom alten Jahr hättest Abschied nehmen können. Dann würdest du deine Leiden auch vergessen, und wir würden alles tun, um deine Leiden dir vergessen zu helfen. Wenn alle es nur oberflächlich empfinden, wir aber, deine Eltern und Geschwister, empfinden doppelt mit dir und deinen Schicksalsgenossen. Auch den armen Otto Meister [79] bedauere ich und auch seine Familie und alle anderen und ihre Familien. Sie alle, und auch du haben den Glauben gehabt, durch ihre Tat dem

79. Otto Meister, wie Hermann Rotthäuser, Gustav Streich und Johannes Klein Borbecker Sozialdemokrat, war am 9.7.1936 vom Oberlandesgericht Hamm zu 2 Jahren und 10 Monaten Zuchthaus verurteilt und anschließend bis zum 3.2.1942 im KZ Sachsenhausen inhaftiert worden.

Arbeiter seine Rechte zurückzugewinnen. Welche herbe Enttäuschung muß es nun sein, für das vergebliche Tun zu leiden, ohne von früheren Genossen beachtet zu werden. Wäre der Versuch gelungen, dann wärt ihr tüchtige Männer (vielleicht hätte man euch auch bei Seite geschoben). Mancher sagt aber auch: Sie sollten die Finger davon gelassen haben. Nach Tisch ist man immer klüger als vor Tisch, ist ein altes Wort, und wer alles vorher bedenkt, wird nie etwas Großes schaffen.

So in diesen Gedanken an das vergangene Jahr, kann man sagen: Uns und auch dir hat es nichts anderes gebracht als Enttäuschungen. Dagegen treten für uns selbst die Kriegserfolge (und die anderen Erfolge, so welche da sind) ganz entschieden zurück. Mag Deutschland oder die Menschen jubeln über die Siege und Erfolge, wir können uns nicht mitfreuen, weil uns die Freude genommen ist. Johanna schrieb ja, wir müßten uns innerlich freuen und den Frieden im Innern tragen. Das können natürlich nur Menschen, die sich von der Gesellschaft getrennt und für sich leben; aber Menschen, die ein Leben lang im Kampf gestanden haben gegen Unterdrückung und Unrecht, können das nicht, sondern tragen immer den Gedanken an kommende Vergeltung in sich.

Jahreswende!

Das neue Jahr 1941 ist heraufgestiegen und hat seinen Anfang genommen. Am ersten Tag des neuen Jahres, der Glückwunsch zum neuen Jahre. Auch ein alter Brauch. Man begrüßt sich mit dem Wunsch; Prosit Neujahr! oder auch: Ein gesegnetes neues Jahr! Das soll wohl ausdrücken, daß man seinem Mitmenschen wünscht, er möge im neuen Jahr viel Gutes erfahren und es möge ihm seine Hoffnungen und Wünsche erfüllen. Auch hier kann man schon sagen, daß es vielfach gedankenlos getan wird, trotzdem der Wunsch eine hohe Bedeutung hat. Ernst genommen liegt ein großes Gewicht bei diesem Wunsche. Wir wünschen uns ein sorgenfreies Leben, Gesundheit allen unseren Verwandten in der Familie, und noch so allerhand besondere Wünsche. Und alle mögen erfüllt werden, dahin zielt der Glückwunsch zum neuen Jahre.

Wir haben am Anfang dieses Jahres viele Wünsche. Zuerst wohl, daß so bald wie eben möglich der Frieden einkehre. Ich bin davon überzeugt, daß ein sehr großer Teil der Menschen in Deutschland (wenn man auch vom endgültigen Sieg spricht) froh wären, wenn in den nächsten Tagen Friedensverhandlungen stattfinden würden, und ein Friede zustande käme, der jedem Volk sein Recht zukommen ließe, selbst wenn das gesteckte Ziel nicht ganz erreicht würde. Die Menschen würden wieder aufatmen können und froh sein, der Drangsal entronnen zu sein. Auch wären sie froh, wenn sie die Zwangswirtschaft beseitigt sähen. Manch Opfer an Zeit und Kraft würde dann überflüssig und die Hausfrauen hätten ein besseres Wirtschaften. Auch die Trennung der Familien hörte auf und alles wäre wieder in geordnete Bahnen gelenkt. Wir aber hoffen und wünschen, daß mit der Einkehr des Friedens sich auch unser Wunsch auf Zurückkunft von Hans erfüllen möge. Für uns würde das die Krönung des Jahres 1941 bedeuten. Wird man endlich auch diesen Armen gerecht werden? Möge nicht nur Hans, sondern allen diesen Menschen, eine Schicksalswende mit dem neuen Jahre heraufsteigen.

Jahreswende!

Wenn wir schon einen Rückblick auf das alte Jahr getan haben, wollen wir auch einen Ausblick ins neue Jahr tun.

Nach den Versicherungen, die gegeben wurden, können wir wohl mit Schluß des Krieges rechnen aller Voraussicht nach. Wenn die Taten, die in Rede und Schrift angekündigt wurden zur Wahrheit werden, haben wir ja noch allerhand zu erwarten. Erstmalig die Reform der gesamten Sozialversicherung. Dr. Ley[80] soll sie ausarbeiten. Wie sie aussehen wird, darüber ist noch nichts gesagt und wir müssen erst abwarten. Wenn sie so gut ausfällt, wie die von den NS. schon vorher versprochenen Sachen, dann können wir uns schon ungefähr ein Bild davon machen. Wohnungsbauprogramm u.s.w.

In einer Rede, die A.[dolf] H.[itler] vor kurzem hielt, in den Rüstungsbetrieben von Berlin, hat er so ungefähr dem Arbeiter goldene Berge versprochen. Er sprach auch davon, daß die Aufsichtsratsdotation anders bemessen werden würde, nur daß zwischen Direktorengehälter und anderer hoher Beamter und den Arbeiterlöhnen eine gemäße Anlehnung erfolge solle, davon sprach er nicht. Er sprach auch nicht davon, daß der Arbeiter wie früher über seine Lohnverhältnisse mitzureden haben würde. Wenn er davon sprach, daß auch die Dividende geschmälert werden solle, so erinnere ich daran, daß schon einmal verordnet wurde, mehr als 5 % Dividende dürfte nicht ausgeschüttet werden, so muß man darauf hinweisen, daß eine ganze Reihe von Gesellschaften ihren Bilanzen nach höhere Dividenden gezahlt haben. Wenn es A.H. ernst damit ist, was ich ja wohl annehme, wird er mit dem Unternehmertum noch einen ernsten Kampf zu führen haben. Ob er die Idee, Harmonie zwischen Kapital und Arbeit, dazu gebrauchen kann, wird die Zukunft erweisen müssen. Jedenfalls wird die Frage 1941 noch nicht entschieden werden. Dazu gehört ein längerer Zeitraum. Die Arbeiterschaft wird ihm sicher beistehen.[81]

80. Robert Ley (1890–1945), seit Ende 1932 Reichsorganisationsleiter der NSDAP, nach Zerschlagung der Gewerkschaften 1933 Leiter der „Deutschen Arbeitsfront".

81. Diese Formulierung spiegelt den von der NS-Propaganda planmäßig aufgebauten „Führer-Mythos" wider, da der „Führer" in breiten Bevölkerungskreisen mit dem gepflügelten Wort „wenn das der Führer wüßte" sogar gegenüber der Korruption und dem bürokratischen Leerlauf des NS-Institutionengeflechts in Schutz genommen wurde.

Noch vieles könnte man ausführen im Ausblick über die Neugestaltung Europas und ganz besonders im Hinblick auf alle diese Probleme, in Bezug auf die Bedeutung derselben für die Arbeiterklasse, doch der eigentliche Ausblick kann erst gewonnen werden, wenn man das Fazit des Krieges sehen kann. Wir stehen in einer schnellebigen, umstürzlerischen Zeit und es ändert sich alles schnell. Die Entwicklung kann Phasen überspringen, sie kann Fehlgänge machen und am Schluß muß sie notgedrungen in die alte Bahn zurückkehren, einmal mit Gewinn an Zeit, zum andern mit Verlust an Zeit und Kraft. Haben wir in verflossenen Jahrhunderten der Beispiele nicht genug? Vieles mag der NS. noch schaffen. Schafft er Gutes, wird er sich erhalten, schafft er Unzweckmäßiges, so wird das Unzweckmäßige wieder untergehen. Das ist das Gesetz der Entwicklung.

Möge die Arbeiterschaft erkennen, daß ohne sie keine Wirtschaft bestehen kann, möge sie wieder lernen, daß sie der erste Faktor der Wirtschaft ist und in dieser Hinsicht schließe ich die Gedanken zum Jahreswechsel mit dem alten Wunsche für sie:

Ein gesegnetes neues Jahr!

Brief von Herbert Gossmann vom 27.1.1948 an Anton Klein, in welchem Gossmann die Todesumstände von Hans Klein schildert.

Neumünster, den 27.1.1948

Lieber Vater Klein!

Endlich haben wir uns gefunden. Ich hatte von mir aus schon manchen Weg eingeschlagen, um zu Ihrer Anschrift zu gelangen, denn Hans und ich waren , das kann ich mit reinem Gewissen sagen, wirklich mehr als gute Freunde, wir waren Genossen. Vater Klein, Sie als alter Sozialist werden wissen was dies heißt, wir waren beide illegale Kämpfer für unsere Ideale. Hans gehörte zu meinem, von mir ins Leben gerufenen illegalen Kreis, im KZ–Buchenwald, es war dies der Kreis, der den Grund für die Widerstandsbewegung im KZ–Bu schaffte. Denn nicht die KP war die am besten geführte und aktivste Gruppe, sondern die Sozialdemokraten waren es, und diesem Kreis gehörte auch Walter Poller an, er ist jetzt Chefredakteur bei der „Westfälischen Rundschau" in Dortmund. Ich glaube aber nicht, daß Walter Ihren, unseren Hans kennt.

Ehe ich mich weiter in Kleinigkeiten verliere, möchte ich aber erst einmal vom Ende von Hans berichten. Hans gehörte zu der 4. Kp. des XII. Btl. (Pioniere) und ich war bei der 2. Kp. Trotz alledem trafen wir uns jeden Tag, mindestens einmal, zumal ja unser Btl. sehr zusammengeschmolzen

Anton Kleins Sohn Hans, im Dezember 1944 im Strafbataillon 999 umgekommen war, es war zur damaligen Zeit ungefähr noch 250 Mann stark. Wir sollten zum Weihnachtstage eigentlich in Sarajewo sein. Der Rückzug ging aber nicht so planmäßig vonstatten, als man glaubte. Um die Dezembermitte 44 waren wir auf der Rückzugsstraße Novibazar–Sjenitza–Wischegrad (Zusammenfluß von Lim und Drina). Von hier aus wurden wir wieder zurückbeordert und mußten das Limtal aufwärts ca. 15–20 km bis zu einer kleinen Stadt, der Name ist mir nicht mehr geläufig (auf einer Karte würde ich sie wiederfinden!). Hier war auf einige Tage unser Quartier. Von hier aus bekam Hans am 18. oder 19. Dez. 44 den Befehl, mit noch zwei Kameraden (1 Uffz. und 2 Soldaten) eine Erkundung (Spähtrupp) in das Partisanengelände zu machen. Sie mußten ca. 12 – 15 km in das bergige Waldgelände vordringen, in Richtung auf den kleinen Ort „Todt". Von diesem Spähtrupp kam nur der Uffz. schwerverwundet zurück, den Namen kannte ich nicht, weil er noch nicht allzulang bei unserem Btl. war und außerdem zur 4. Kp. gehörte, er ist wahrscheinlich auch seinen Verwundungen im Lazarett erlegen. Bevor er wegkam, sprach ich noch einmal mit ihm über Hans und da erzählte er mir folgendes:

Ihrer Dritt, waren sie bis zum befohlenen Platz gekommen und waren bereits wieder auf dem Rückmarsch, als sie in einem Waldgelände, hier standen zwei Hütten, von einem Trupp Partisanen in Stärke von ca. 20 – 25 Mann gestellt wurden. Bei dem sich entwickelnden Gefecht wurden alle drei Mann verwundet. Hans soll den Partis noch zu gerufen haben, daß er Antifaschist und KZler sei, die Partis hätten auf deutsch geantwortet, „sie seien alles Schweine und Faschisten", und hätten ihr Feuer nicht eingestellt. Dem Uffz. sei es trotz seiner schweren Verwundung gelungen, in den tiefen undurchdringlichen Wald zu kommen und dann auch noch bis zum Btl. Der Todestag von Hans ist demzufolge der 18. oder 19.12.44 gewesen, d.h. er hat zuvor noch den letzten Brief an Sie abgesandt.

Am nächsten Morgen ist das Rest–Btl. nach dort vorgestoßen, und da fanden wir Hans an der bezeichneten Stelle. Seinen Uniformrock hatte er nicht mehr an, auch fehlten seine Papiere, ob die Erkennungsmarke noch vorhanden war, kann ich nicht mit Bestimmtheit behaupten, ich glaube es aber nicht, denn die Partis nahmen unseren Gefallenen immer alles ab. Weil wir auf dem Marsch waren, nahmen wir Hans in der Zeltbahn mit und haben ihn oberhalb von „Todt", bei einer kleinen Häusergruppe (die war unser Ziel) auf einem Berghange, in der Nähe einer Quelle, unter einigen Bäumen beerdigt. Ich selbst habe Hans mitbeerdigt und auch das Kreuz mit seinem Namen angefertigt und eingesetzt. Hans mit nach unserem Standquartier mitzunehmen war nicht möglich, denn es war viel zu weit zurück, ca. 40 km im Berggelände, außerdem rechneten wir mit Angriffen, die dann auch wirklich kamen und dann war in diesem Ort auch kein Soldatenfriedhof. Bei den Kämpfen im Partisanengebiet war es immer

Brauch, unsere Gefallenen an dem Orte zu beerdigen, wo sie gefallen waren.

Nach meiner Überzeugung ist Hans ziemlich schnell verstorben, so daß er keinen langen Todeskampf gehabt hat.

Lieber Vater Klein, ich schreibe vorerst nur an Sie, ich weiß ja nicht, wie stark heute noch Ihre Familie ist. Ich bin jedenfalls mehr als froh, endlich Ihnen mitteilen zu können, wo Hans jetzt ist und vor allem, so schmerzlich es auch ist, Ihnen eine Gewißheit zu geben. Das ewige Warten und Hoffen ist furchtbarer, als das furchtbare Wort „gefallen". Ich hoffe, daß dies nicht der letzte Brief sein wird, den wir wechseln, gern werde ich Ihnen noch Kleinigkeiten aus unserer gemeinsam verlebten Zeit berichten, wenn es Ihnen ein Trost sein kann.

Um eins wäre ich Ihnen dankbar, wenn Sie mir mitteilen würden, durch wen sie meine Anschrift in Erfahrung gebracht haben.

Lieber Vater Klein, lassen Sie mich bitte heute schließen, denn glauben Sie mir, es ist mir nicht leicht gefallen, Ihnen dies zu schreiben, und auch mir hat es wieder die Wunde aufgerissen, ja, mit Hans hat mich vieles verbunden.

In tiefer Verbundenheit bin ich Ihr
gez. Herbert Gossmann

Familie Labudat in den 50er Jahren, von links:
Berta Möller-Dostali, Auguste Labudat, Fritz Labudat, Anni Trebing

Fritz Labudat
„Heute habe ich meine letzten Kartoffeln verbraucht“

Tagebuchaufzeichnungen über das Kriegsende und die ersten Nachkriegstage (Februar – August 1945)

Essen, den 25. Februar 1945

Für meine Frau und Kinder!

Die Ereignisse drängen sich! Immer schwerer werden die Angriffe. Ob, und wie ich sie überstehen werde? Heute hatten wir wohl den größten Angriff bisher. Die Zeit? Es kann ½ 4 Nachmittags gewesen sein. Wir waren im Keller und haben so nicht allzusehr die Einschläge wahrgenommen. Bei uns hier in Borbeck sind wir eigentlich glimpflich davongekommen. Das erste Mal bei einem Großangriff, daß bei uns alles heilgeblieben, seit wir in der Schule wohnen.

den 26.2.1945

Heute morgen auf dem Wege zur Fabrik kann man erst alles übersehen. Kurz hinter Bockmühle fängt es an. Man geht nur über Geröll und Gerümpel. Die ganze Altendorfer Str,. ist übersäht mit zerbrochenen und zerschossenen Fahrzeugen. Angeblich hat während des Angriffs eine Kolonne in der Höhe des Verwaltungsgebäudes gehalten. Wieviel Verluste an Menschen und Tieren?

Keiner weiß etwas Genaues. Wie die überhaupt aus dem Chaos rausgekommen sind ist mir ein Rätsel. Die Westendstraße ist fast unpassierbar. Man klettert nur. Der Gasometer ist vollständig demoliert. Das Hauptlagerhaus vollständig ausgebrannt. Heute morgen ist noch alles am Brennen. Unser Betrieb? Einfach verheerend. Wir bauen nichts mehr auf. Krupp ist vollständig erledigt. Von unserem Betrieb bis zum Hauptbahnhof nur ein Trichterfeld. Apparate bergen!! Wie immer, alles drückt sich. Niemand hat mehr Lust etwas zu tun. Kein Licht kein Wasser. Unser Bunker? Er ist heilgeblieben.

den 9. März

Heute Morgen setzte der erste Artilleriebeschuß ein. Im ersten Moment waren wir der Meinung, es sind Abschüsse unserer Batterien. Aber nachdem die erste Granate in unserem Bau landete, wußten wir woran wir waren. Die erste landete am Hauptverwaltungsgebäude direkt vor den Bürofenstern und forderte 6 Tote. Die nächsten im Maschinenbau 9 und forderte 2 Tote.

Jetzt ist die Lage kritisch. Mit den Fliegern da ging das nicht so urplötzlich, da gab es nicht immer Zeit in Deckung zu gehen. Ich schreibe augenblicklich nicht mehr. Es ist jeden Tag dasselbe. Fliegerangriffe in ganz Westdeutschland. Wir rechnen nicht mehr mit einen Großangriff, sondern mit dem Übergang über den Rhein. Nachts kann man die Front ganz genau verfolgen. Es sieht aus, als ob wir uns schon in einem Halbkreis befinden. Welche Nacht es gewesen? Das Datum habe ich mir nicht gemerkt, aber das reinste Inferno. Wir waren alle auf. Die Frauen schafften Wasser in der Keller, in der Annahme, wir werden abgeschnitten. Aber es ist noch nicht so weit. Jetzt beginnt die kritische Zeit. Die Lebensmittelzulagekarten gibt es nicht mehr, weil wir nicht mehr produktiv arbeiten. Meine Kartoffeln gehen zur Neige. Es rücken die Ostertage immer näher aber auch der Gegner. Wenn das alles nur nicht so furchtbar langsam ginge, damit wir die Zeit überstehen.

Am Karmontag, als wir zur Fabrik gingen, hingen überall die Plakate: Räumung Essens. Ich und mein Freund Paul hatten uns vorgenommen, wenn sie uns nicht zum Volkssturm[1] holen, bleiben wir da. Jetzt war er aber auch angesteckt: Los fertigmachen wir hauen ab. Wohin? sage ich. Die Eisenbahn fährt nicht. Zu Fuß? wie weit kommen wir da. Unsere Sachen? davon sehen wir nichts mehr wieder wenn wir die im Stich lassen.

Wie sieht es denn in Wirklichkeit aus? Die Ostarbeiter sind noch alle hier. Wie die Herrschaften sich das vorstellen weiß ich nicht. Also gehen wir zuerst mal zur Fabrik, wenigstens unser Arbeitszeug holen.

Die Mehrzahl hat die Plakate nicht gelesen. Einzelne entfernen sich. Aber die große Mehrheit ist gewillt dazubleiben. Nachdem aber die Nachricht vom Räumen als wahr erwiesen, verläßt einer nach dem anderen den Betrieb. Ich bleibe da, denn das Mittagessen ist unterwegs. Mein Kollege Jachmann ist auch nicht mehr erschienen. So sind wir nicht mehr viel da und das Essen fällt etwas reichlicher aus.

Am anderen Tag! Der Betriebsführer läßt uns zusammenrufen. Die neueste Parole lautet: Alles vom Jahrgang 1900 aufwärts muß Essen verlassen, wohin ist gleich, nur muß sich jeder an seinem neuen Ankunftsort sofort melden.

Wehrmacht oder Volkssturm. Wenn ich schon das Wort Volkssturm höre, wird es mir schlecht. Warum ein derartiges Gebilde? Warum nicht alles zu Soldaten gemacht? Aber dies Gezumpel von Parteiwesen will auch noch etwas zu sagen und kommandieren haben. Nun die älteren Jahrgänge können auch gehen oder können auch dableiben.

Nur ein kleiner Kreis der freiwillig als Wache bleibt. Ich melde mich auch zur Wache. Auf diese Art gehe ich wohl am besten dem Volkssturm aus dem Wege. Die Parolen jagen sich. Am nächsten Tage heißt es, alles muß Essen verlassen evtl. mit Gewalt. Jetzt heißt es, alles die Fabrik verlassen und verschwinden. Nun nehme ich auch den Rest meiner Sachen und verschwinde.

Ostern 1945

Ich habe die Absicht nach Welper zu gehen. Aber wie hier wegkommen. Die Eisenbahn fährt nicht. Also zu Fuß. Kurz vor Steele holt mich eine Frau ein. Sie kommt von Mülheim und will nach Barmen. Bis kurz vor Mülheim sind schon die Amerikaner. Sie sagt von Steele nach Nierenhof fährt die Eisenbahn. Ich schließe mich an und fahre auch bis Nierenhof. Tatsächlich fährt von Nierenhof nach Hattingen die Straßenbahn. So

1. Der Volkssturm wurde nach einem Erlaß Hitlers vom 25.9.1944 als eine den NSDAP–Gauleitern unterstehende Territorialmiliz gebildet, die als „letztes Aufgebot“ alle waffenfähigen Männer im Alter von 16 bis 60 Jahren erfassen sollte.

komme ich ziemlich schnell nach Hattingen. Hier ist Schluß. Wie sieht es aber auch in Hattingen aus. Zwei Großangriffe in einer Woche Mittwoch und Sonntag und das genügt. Die Henrichshütte beinahe so wie Krupp. Den Berg von der Stadt nach der Hütte Trichter neben Trichter. Was werde ich vorfinden? Auf dem Hendchen sieht es noch böse aus aber weiter ist alles noch ziemlich hell. Gottseidank Gustavs Wohnung steht noch. Aber Hagemeisters wohnen oben deren Wohnung ist hinüber. Gustav ist nicht daheim. Er ist mit dem Rad los um zu versuchen ein paar Kartoffeln aufzutreiben. Ich werde von Minna freundlich aufgenommen. Die haben sogar noch einen Kuchen gebacken. Ich bleibe auch den zweiten Feiertag da. Erstfeiertags abends auch Aribeschuß und zwar ziemlich stark. Aber bis Welper schießen sie noch nicht rein. Gustav ist nach Hause gekommen mit ungefähr 5 Pf. Kartoffeln. Er arbeitet noch. Das heißt, sie sind am Aufräumen. Dienstagmorgen wandere ich los. Was werde ich zu Hause vorfinden? Steht unsere Schule noch? Jawohl! Es ist noch alles beim Alten. So vergehen die Tage. Immer dasselbe Bild. Um 10 Uhr abends gehen unsere Soldaten zurück der Gegner folgt aber nur zögernd.

den 11. April

Heute haben wir starken Beschuß. Verschiedene Granaten landen auf dem Bahndamm. In der Bocholderstr. gibt es ein paar Tote. Ich gehe nach oben und setze mich in den Sessel. Nachdem ich eine Weile gesessen stehe ich auf und gehe ans Fenster und nun sehe ich, daß auf dem kleinen Häuschen uns gegenüber mehrere weiße Fahnen flattern. Jawohl! Jetzt entlädt sich die Spannung in der ich die ganze Zeit mich befunden.

Erstens, wo befindet Ihr Euch? Wie mag es Euch gehen? Und zweitens!

Wir sind fertig!! Aus einem aufblühenden, arbeitsamen und dummgläubigen Volk ist eine Sklavenherde geworden. Wie oft und wieder oft hat dieses braune dämliche Gezumpel gebrüllt: Deutschland erwache. Es ist nicht erwacht, sondern hat sich von diesem hergelaufenen Landstreicher und seinem Mephisto hypnotisieren lassen. Meine Worte fallen mir wieder ein, die ich am 30. Januar 1933 diesen Fanatikern und Strohköpfen zurief als sie mir erklärten, der Anfang ist gemacht: „Jawohl der Anfang ist gemacht aber denkt daran: der heutige Tag ist der Anfang vom Ende Deutschlands. Denn was jetzt folgen wird, ist das Chaos.“ Ich setze mich wieder in meinen Sessel und heule, jawohl ich heule wie ein kleines Kind. Ich schäme mich nicht es niederzuschreiben aber es wirkt geradezu beruhigend auf mich.

Denn was jetzt folgen wird, wird für uns schwer sein (Vea Viklus.[2])

2. Gemeint ist wahrscheinlich: Vae Victis! = Wehe den Besiegten!

Die Bocholder Straße in Borbeck 1945

Erstens haben wir keine Milde zu erwarten und zweitens, und das ist was ich am meisten fürchte, die ganzen Ostarbeiter und Polen sind hiergeblieben[3]. Kein Mensch hat in dieser Beziehung etwas unternommen. Im Gegenteil, man munkelt von gar keiner oder schlechter Verpflegung in den letzten drei Wochen. Die Kriegsgefangenen sollen abtransportiert sein. Allerlei Parolen gehen um. Die Amerikaner sind schon am Viehoferplatz. Aber hier haben wir noch keinen gesehen. Am Abend kommt Wellen von Dellwig. Er erzählt, daß ein Auto mit ein paar Mann in Dellwig erschienen, aber wieder zurückgefahren sind. Gleichzeitig erwähnt er auch den heutigen Heeresbericht. Und hier erfährt man mit aller Deutlichkeit, wie wir unseren OKW-Bericht zu bewerten haben. Schwere Straßenkämpfe in Essen. Dabei fällt jetzt kein Schuß. Welch ein Glück. Laß den Robert Ley[4] auch 6mal sein Pfui dem Ruhrgebiet rufen. Auf jeden Fall hat derjenige, der es durchgesetzt hat, daß Essen kampflos geräumt wurde, sich ein großes Verdienst erworben. Die große Masse spricht, es sei Dillgardt[5] gewesen. Ich weiß es nicht und es soll mir auch gleich sein.

den 12. April

Heute gehe ich nach unserem Garten und sehe die ersten amerikanischen Soldaten. Ich habe auch an den vorigen Tagen schon im Garten gearbeitet aber sowas Rechtes war es nicht. Denn wer konnte wissen wie es alles kam. Aber das Leben geht seinen Gang.

Ein Bekannter den ich treffe sagt mir, daß Infanterie und Panzer in großer Zahl nach der Stadt marschiert seien. Die Bevölkerung geht als ob nichts passiert wäre. Die Geschäfte sind offen und die Amerikaner? Sie zeigen keine Überheblichkeit, stören sich an nichts und zeigen ein ganz korrektes Verhalten.

3. Anfang 1945 waren noch über 32000 Kriegsgefangene und Zivilverschleppte in Essen beschäftigt. Die von ihnen nach Kriegsende begangenen Übergriffe und Plünderungen dürfen allerdings nicht losgelöst von ihrer brutalen Ausbeutung und menschenunwürdigen Behandlung im Dritten Reich betrachtet werden. Allein im Bombenkrieg, dem die Kriegsgefangenen und ein großer Teil der Zivilverschleppten vollkommen schutzlos ausgeliefert waren, kamen über 2500 von ihnen ums Leben.
4. Robert Ley (1890–1945) wurde Ende 1932 zum Reichtsorganisationsleiter der NSDAP und nach der Zerschlagung der Gewerkschaften im Mai 1933 zum Leiter der „Deutschen Arbeitsfront" ernannt. Ley, der 1945 im Nürnberger Kriegsverbrecherprozeß angeklagt wurde, beging wenige Tage vor Prozeßbeginn in seiner Gefängniszelle Selbstmord.
5. Just Dillgardt (1889–1960), Essener Oberbürgermeister von 1937–1945, hatte sich März/April 1945 der geplanten Evakuierung der Essener Bevölkerung widersetzt, den Befehl zur Räumung Essens sabotiert und die Stadt den einrückenden Amerikanern am 11. April 1945 offiziell übergeben. Nicht zuletzt deshalb kam Dillgardt, der seit 1928 Mitglied der NSDAP und seit 1933 der SS sowie Träger des goldenen Parteiabzeichens war, in einem 1948 durchgeführten Entnazifizierungsverfahren mit der Einstufung als „Mitläufer" ausgesprochen glimpflich davon.

den 13. April

Heute sind die ersten Bekanntmachungen erschienen. Ausgehzeit von 7.30 bis 18 Uhr. Die ersten Ausschreitungen der Ostarbeiter fanden statt. Der Kruppsche Konsum usw. aber auch unsere lieben Landsleute haben sich tapfer bewährt. Gerhardt den ich sprach sagte mir, daß unsere Leute schlimmer als die Ausländer waren. Nun die Besatzungstruppen haben eingegriffen aber überall können wir nicht sein erklärte ein Offizier. Die Ausländer haben reichlich Waffen. Ein Teil von der Polizei und dem Volkssturm weggeworfen.

den 20. April

Nun haben wir eine Aufforderung vom Betrieb bekommen, die Arbeit wieder aufzunehmen. Ich werde auch hingehen aber mit dem Arbeiten ist das eine schlimme Sache. Die Lebensmittelrationen sind sehr knapp. Die Kartoffeln werden alle und ein Brot in der Woche ist zum Leben zu wenig und zum Sterben zuviel. Wie soll das werden? Herr Timmer bettelt immer, daß ich seine Wohnung ein bißchen in Schuß machen half. Ich habe ihm auch zugesagt. Er will mit dem Betriebsführer sprechen, daß ich das in der Arbeitszeit machen kann. Nun hat ers durchgesetzt und ich gehe hin. Ungefähr 1200 Steine muß ich erst zusammensuchen und sauber machen. Zwischendurch gehe ich nach dem Annabunker zu einem Dentisten, der da sein Domizil errichtet hat. Ein Zahn ist abgebrochen und mehrere andere sind schlecht.

Am 23. April

Heute habe ich meine letzten Kartoffeln verbraucht. Aussicht auf neue besteht nicht. Timmer ist genau so arm dran wie ich. Aber etwas Fett hat er mir gegeben. Nun habe ich noch ein paar Gläser Bohnen und etliche trockene Bohnen. Da kann ich wenigstens etwas Fett rantun. Das wird eine schwierige Zeit werden bis wir etwas aus dem Garten ernten können und bis die Frühkartoffeln soweit sind, vorausgesetzt, daß sie nicht gestohlen werden denn Hunger tut weh.

Am 1. Mai 1945

Auf Befehl der Militärregierung ist der 1. Mai ein Tag wie jeder andere. Es dürfen keine Versammlungen und Veranstaltungen stattfinden. Als ich abends nach Hause komme erzählt mir Frau Jänike daß ich heute Besuch gehabt hätte und derselbe mich nicht angetroffen. Es war Gustav aus Hattingen. Zwei Umschläge überreichte sie mir. Einen Brief und in einem etwas Tabak. Nun die haben die Kämpfe auch glücklich überstanden wie er schreibt. Eine Granate ist noch in ihrer Küche gelandet. Aber wie er schreibt, hat er sie wieder in Schuß. Er konnte sich nicht solange aufhalten, weil die um 7 Uhr in der Wohnung sein müssen. Bei uns ist die Ausgehzeit von ½ 6 morgens bis 9 Uhr abends verlängert. Werden wir noch einmal den 1. Mai zusammen feiern? Ich glaube nicht. Denn wenn sich die Ernährungslage nicht bessert, gehen wir langsam ein. Besonders wir älteren Jahrgänge. Ich war am vergangenen Sonntag im strömenden Regen nach Steele gewandert. Wollte Frau Fuchs um ein paar Kartoffeln betteln. Ich weiß, daß der eine große Menge geerntet hat und sie die allein nicht aufbrauchen wird. Aber sie ist gar nicht da. Sie ist auch nach dem Sauerland ausgerückt. Die Frau die mir öffnete, entweder war es ihre Schwägerin oder ihre Freundin die sie bei sich aufgenommen hat, fertigte mich ganz kurz zwischen Tür und Angel ab und ich zog bedröppelt ab und kam hundemüde zu Hause an.

9. Mai

Ich habe einige Tage nicht geschrieben. Es ist immer dasselbe Lied. Heute bin ich zum Arzt gewesen denn ich habe dicke geschwollene Füße. Ob es schon Wasser ist? Der Arzt hat es nicht gesagt aber er hat mich arbeitsunfähig geschrieben und folgendes festgestellt: Herzschwäche, Störung des Kreislaufs und chronischen Bronchialkatharr. Freitag nach Pfingsten soll ich wieder erscheinen. Ich soll im Bett bleiben. Ich habe ihm erklärt, so weit es geht denn ich bin allein, da muß ich meine Lebensmittel einholen und mein Essen fertigmachen. Ich sagte das in der stillen Hoffnung, daß er mich dann ins Krankenhaus überweisen würde, denn dann wäre ich vorerst meine Sorgen los. Aber er reagierte darauf nicht. Ich war bei Dr. Blum. Er hat mich trotz des großen Andrangs gründlich untersucht. Sogar das Wasser. Das ist aber in Ordnung, wie er ganz glückstrahlend feststellte. Nun habe ich ganz gute Tage. Ich kann mir meine Einkäufe besorgen, im Garten alles in Ordnung machen usw. Wenn nur die Bahn schon führe, dann könnte ich nach Thüle[6] fahren. Nun sollen in der Paderborner Gegend ja auch die Ostarbeiter schwer gehaust haben. Wer weiß was wir von unseren Sachen noch vorfinden. Hier haben die sich eingekleidet von Kopf bis Fuß. Aber Milch haben die auf jeden Fall. Eine 14 Tage und ich wäre wieder auf dem Damm. Daß ich aber so wenig widerstandsfähig wäre, habe ich nicht geglaubt, denn bis jetzt haben wir doch noch ganz anständig gelebt. Wenn ich zum Vertrauensarzt komme, werde ich ihn auch um 14 Tage Landurlaub ankeilen. Wenn er sie mir bewilligt ist gut, und wenn nicht, fahre ich so. Zu verlieren habe ich nichts mehr denn Pension usw. wird doch alles hinfällig sein.

6. Dorf ca. 10 km westlich von Paderborn

12. Mai

Also mit dem Vertrauensarzt gibt es vorläufig nichts. Ist auch nicht wichtig, weil ich doch noch nicht fahren kann. Auf meinem Krankenschein steht, wurde vom 9. Mai im Franziskakrankenhaus verpflegt und wenn ich im Krankenhaus bin, dann brauche ich nicht zum Vertrauensarzt. Wie die dazu gekommen sind? Ich hatte keinen Kurschein und auf dem Zettel worauf der Arzt mir meine Arbeitsunfähigkeit und den Befund geschrieben, war ein Stempel: Franziskakrankenhaus. Den Krankenschein hat Herr Timmer mir besorgt.

15. Mai 1945

Heute habe ich mich aufgemacht und bin mit meinen lahmen Sohlen nach der Stadt gewandert. Zuerst bin ich im Rathaus gewesen auf Zimmer 104. Hatte gehofft, einen Passierschein zu erhalten um ungeniert nach Thüle zu fahren. Aber vergeblich, Es kommt nur ein ganz kleiner Kreis von Personen in Frage. Geistliche!! Schwestern, Ärzte, Lebensmittelhändler und Handwerker, deren Arbeit es bedingt, Apotheker u.dgl. Alles andere ist zwecklos. Von hier aus ging ich nach meinem Bruder Franz. Dem hatte ich, als ich Ostern da war, ein paar Saatbohnen versprochen. Ich hatte ihm versprochen sie hinzubringen. Nun da die Zeit doch sozusagen schon vorbei war, wollte ich mal sehen was los war weil ich immer gewartet hatte, daß er selbst mal gekommen wäre. Als ich hinkam stellte ich fest, daß auch er am Feiern war. Genau dasselbe wie ich, dicke Füße und nebenbei noch seine Staublunge. Er war gerade nach Stoppenberg zum Krankenhaus wegen einer Blutentnahme zur Untersuchung. Im übrigen dasselbe Bild wie überall. Hunger! Nun haben die wenigstens noch ein paar Kartoffeln. Ich wollte mich nicht lange aufhalten aber Liesbeth meinte Franz bliebe nicht lange aus und ich sollte warten. Ihren Garten hatten sie soweit bestellt und von ihren Kochbohnen gepflanzt. Aber Franz wollte ja noch etwas umgraben. Sie wollte mir dann ein paar Kartoffeln geben. Was eigentlich auch meine Absicht war bei der ganzen Geschichte. Mittlerweile kam auch Franz nach Hause. Freute sich natürlich sehr über die Bohnen und wird sie noch legen. Ihren Garten draußen haben sie nicht mehr. Der ist ein Bombentrichter. Das zweite Stück, daß sie von Krupp hatten, mußten sie liegen lassen. Kein Saatgut! Weder Kartoffeln noch Sämereien. Dabei predigen die uns jeden Tag jedes Stückchen bebauen, ihr seid auf euch selbst angewiesen, Deutschland können wir nicht helfen. Erst kommen die anderen dran. Wie soll das noch werden. Inzwischen hatte Liesbeth mir eine Schnitte Schwarzbrot mit Marmelade fertiggemacht. Für mich ein Ereignis, denn ich nehme ja Zucker statt Marmelade, da kann ich mir wenigstens meinen Rhabarber kochen und habe auch etwas für den Salat. Jetzt holte sie aus dem Garten Salat und setzte Pellkartoffeln auf. Nun bleibst du auch noch zum Essen. Edith war noch nicht zu Hause. Ein ungewohntes Ereignis. Es war schon 5 Uhr nachmittags. Sonst kam sie angeblich schon um ½ 3. Ich hätte sie gerne gesprochen. Liesbeth erzählte mir nämlich, daß sie sich in Essen-West die Zähne hat machen lassen und war des Lobes voll über den tüchtigen Zahnarzt. Peters ist es nicht gewesen, denn der ist ausgebrannt. Und meine Zähne sind fast alle schlecht. Die Dentisten sind nur darauf aus alles zu ziehen. Zwei habe ich schon ziehen lassen und kann trotzdem noch nicht beißen. Nun sie tat mir den Gefallen nicht und kam nach Hause. Nun waren die Kartoffeln gar und wir gaben uns ans pellen. Ich sagte Liesbeth teile mir ab soviel du mir geben willst. Na schäl dir erst mal welche. Nachdem ich mir 7 abgeschält hatte, hörte ich auf. Sie tat mir noch 5 dabei und legte auf einen Teller etwas Salat auf. War das eine Wohltat, wenn man in drei Wochen keine Kartoffeln gegessen hat. Die mir Frau Gerhard gegeben, habe ich immer roh gerieben und an meinen Fraß drangetan damit wenigstens in etwa ein anderer Geschmack rankam. Nachher packte sie mir noch ein paar Kartoffeln in meine Tasche und etwas Salat. Franz gab mir noch zwei Zwiebeln und ich zog glücklich ab. Auch ein altes Teesieb gaben sie mir noch ab. Denn mit den 100 g Kaffeersatz im Monat kommt man nicht aus. Wie mag es euch ergehen? Hungert ihr auch so? Die armen kleinen Trabanten. Ich war am Abend bei Denninger unten. Da bekamen die beiden Kleinen von der Frau Kasper Schläge weil sie nicht einschlafen wollten wegen Hunger. Dabei hat die bis jetzt noch immer viel von Essen-West rangeschleppt. Aber jetzt sind auch die Kartoffeln alle. Na ich wanderte nun los. Ich ging am Bahnhof Altendorf vorbei. An der Böschung hatte ich viel Zinnkraut gesehen. Ich sammelte davon eine Portion. Das soll nämlich ein guter Tee bei Blasenleiden sein und einen anständigen Blasenkatarrh habe ich auch. Nebenbei habe ich auch eine Portion Disteln gesammelt, die habe ich bis jetzt noch nicht probiert. Will mal sehen was das für ein herrliches Essen gibt. Portigall und Bergermann habe ich beobachtet, die kochen sie schon eine ganze Zeit lang. Soweit sind wir also im dritten, oder besser gesagt, durch das dritte Reich gekommen. Nun noch ein paar Worte zu meiner Fahrt nach Thüle. Als ich am Viehofer Platz kam, sah ich eine Frau mit einem Wagen beladen mit Betten und Koffern im Gespräch mit ein paar Männern. Ein alltägliches Bild. Aber als die Männer weiter gingen hörte ich wie einer sagte, von Paderborn. Kommt die Frau von Paderborn? Jawohl! Ich zurück und frug die Frau wieweit fahren die Züge. Von hier bis Lütgendortmund und von da bis Welwer. Aber die halbe Zeit müssen sie zu Fuß gehen. Da habe ich denn meine Hoffnung, doch noch zu Pfingsten nach Thüle zu kommen begraben. Denn mit meinen Füßen kann ich keine großen Strecken laufen. Nun muß ich sehen wie ich mich durchschlage. Würde die Bahn fahren, würde ich es riskieren auch ohne Passierschein zu fahren. Denn soviel wie ich so zu essen habe, würde ich evtl. auch in der Haft bekommen. Also Schlußstrich. Vorläufig gibt es nichts.

17. Mai 1945

Heute bin ich sehr früh aufgestanden. Ich stellte heute früh fest, daß meine Füße trotz der Strapazen von gestern schön beigefallen waren. Also scheint es sich ja wieder zu bessern. Mein Experiment mit den Disteln ist ins Wasser gefallen. Es ist doch zu eklig. Die Stacheln stechen auch noch wenn sie abgekocht sind. Nun habe ich mir ein Glas Grünkohl aus dem Keller geholt. Nun ist noch eins. Was nachher werden soll, weiß ich nicht. Zu den Feiertagen habe ich noch einmal Erbsen. Die habe ich von der Gartennachbarin, die Jakobs Garten bekommen hat. Ich habe ihr ein paar Saatbohnen gegeben und die Stangen an der Laube festgemacht. Da habe ich einen guten Tausch gemacht. Heute mittag habe ich feudal gelebt. 4 Kartoffeln habe ich mit dem Grünkohl mitgekocht schön zerdrückt war es eine Götterspeise. Nachmittag will ich zum Garten. Augenblicklich donnert es. Hoffentlich kommt ein Gewitterschauer. Denn Regen tut für die Gärten not. Gestern war eine kolossale Hitze. Vorgestern kalt wie im Winter. Vielleicht kann ich auch schon von meinem Pflücksalat bald etwas abschneiden. Mit dem Regen scheint es nichts zu werden. Jetzt werde ich eine Stunde ruhen und dann gehen. Eben ist Frau Jänike nach Hause gekommen. Auf Nr. 6 der Lebensmittelkarte hat es Gemüse gegeben. 3 Stangen Porree hat sie bekommen und dafür den ganzen Morgen gestanden. Nachmittag bin ich im Garten gewesen. Die letzte Melde habe ich geerntet. Habe mich 14 Tage damit durchgeschlagen wie es jetzt werden soll weiß ich nicht. Zwei Reihen Spinat habe ich gesät. Erstens ist er noch nicht soweit und dann ziemlich dünn. Nun ist ein ergiebiger Gewitterregen gekommen. Vielleicht kann ich zu Pfingsten schon Salat schneiden. Morgen früh werde ich die Melde umgraben und noch eine Reihe Möhren säen auch versuchen ein paar Kohlraben zu bekommen. Man bekommt überhaupt keine Pflanzen.

18. Mai 1945

Das Wetter ist heute wieder schön. Um ½ 6 bin ich aufgestanden. Nun werde ich mein Glück versuchen. Wenn auch der Magen knurrt. Denn mit meiner Melde muß ich heute und morgen auskommen. Brot habe ich nur noch ein paar Schnitten. Da muß wenigstens für jeden Feiertag eine Schnitte bleiben. Ich bin extra umgegangen nach Fliegenbusch wegen Pflanzen es ist leider Gottes nichts zu bekommen. So hart es auch klingen mag, hier fehlt das dritte Reich oder die Diktatur. In den vergangenen Jahren mußten die Gärtner zwangsläufig jeder so und soviel von allen Pflanzen ziehen. Jetzt ist das weggefallen, nun ist vorbei. Jetzt wird nicht volkswirtschaftlich, sondern nur egoistisch gewirtschaftet. Das ist das Übel woran wir kranken. Ich habe nämlich ungewollt einem Gespräch zwischen zwei Gärtnern zugehört, wobei das zum Ausdruck kam, was ich hier niederschreibe. Im Garten habe ich soweit alles in Ordnung. Im großen und ganzen bin ich zufrieden mit meinem Garten. Alles so dünn und spärlich. So war alles immer zu dicht und in diesem Jahr zu dünn. Aber wo soll es auch herkommen? Kein Dünger! Weder künstlicher noch natürlicher. Heute nachmittag muß ich nun noch einmal hin und dann ist es vor den Feiertagen genug. Willi Franzen hat mir ein paar Kartoffeln versprochen. Dann könnte ich mich zu Pfingsten einmal satt essen. Nach Pfingsten muß ich nach Thüle, mag es biegen oder brechen. Ob ich gesund geschrieben werde oder nicht. Sonst gehe ich vor die Hunde. Na 50 g Fleisch erhalte ich ja auch noch zu den Feiertagen. Sage und schreibe 50 g Fleisch! Was werden nun die Leutchen sagen, die die Amerikaner mit Blumensträußen empfangen haben. So etwas soll es tatsächlich gegeben haben. Für mich bleibt Diktatur Diktatur. Ganz gleich von wo sie kommt. Es ist 4 Uhr nachmittags ich muß nach dem Garten sonst wird es mir zu spät. Unterwegs war ich bei Herrn Timmer eingekehrt. Der hat mir meine Abrechnung für den Monat April mitgebracht. Auch hat er mir ein paar Kohlrabenpflänzchen und ein paar Butterkohlpflänzchen besorgt. Auch hat Franzen mir tatsächlich ein paar Kartoffeln mitgebracht. Dann habe ich mir noch von Franzen und Frau Schmischke je ein paar Schwarzwurzelblätter abgepflückt das soll nun mein Pfingstessen werden. Auf dem Nachhauseweg begegnete ich meinem Freund Paul. Der brachte mir eine Rolle Kautabak und ein paar Tabakpflänzchen. Da gingen wir noch einmal zurück und pflanzten die. Jetzt war auch Frau Schmischke im Garten. Die bettelte ich wegen Salat an und sie gab mir auch für eine Mahlzeit. Ich habe vergessen zwischen die Möhren Salat zu streuen wie wir es immer gemacht haben. Nun bin ich noch mit meinem Salat ins Hintertreffen geraten. Paul will die Feiertage nach Massen. Er rechnet ja ein paar Kartoffeln zu bekommen. Im übrigen läuft die Parole um, daß wir morgen noch 2 Pf. Brot bekommen sollen. Das wäre ja ein Segen. Auch 50 g Fleisch soll es noch geben.

19. Mai 1945

Heute bin ich um 1/2 6 aufgestanden. Eigentlich wollte ich heute gar nicht raus. Aber ich muß versuchen mein Fleisch zu bekommen. Auch muß ich nach unserem alten Keller die Fleischmaschine holen. Ich muß versuchen damit das Gemüse durchzudrehen. Die Erbsen und Schwarzwurzelkraut habe ich auf dem Feuer. Die Erbsen scheinen sich sehr gut zu kochen. Das andere Zeug will nicht weich werden. Nachts hat es wieder schön geregnet und jetzt ist es schön. Es sieht schon ganz nach Pfingsten aus. Also zuerst gehe ich nach dem Kruppkonsum um mein Fleisch zu holen. Die Reihe ist bis weit auf die Straße. Der Wagen kommt gerade vorgefahren und ladet ein Stück Rindfleisch und etwas Wurst ab. Großes Bedauern, daß nicht mehr Wurst da ist. Das verstehe ich nicht. Auf einmal große Bewegung alles läuft in Kolonialwarenladen rein. Was ist da los? Eine Frau kommt raus, Kartoffeln gibt es aber man muß die Kartoffelkarte und Stammkarte habe. Ich habe beides bei mir, sogar ein Säckchen im Falle daß es wo Gemüse gibt. Kartoffeln sind mir wichtiger als Fleisch. Also angeschlossen. Als ich bald an der Reihe bin, heißt es alle. Aber noch warte ich und eine Frau vor mir, das sind die letzten. Mein Gott sage ich, habe ich immer nur Pech? Das Fräulein geht raus, kommt rein, schreibt mir einen Zettel und sagt 5 Pf. bekomme ich noch zusammen und ich bekomme wahrscheinlich noch meine Kartoffeln. Ich kann es kaum fassen, daß ich auch einmal Glück habe. 4 Zentner hatten sie im ganzen bekommen. Jetzt gehe ich nach unserem alten Keller, hole mir die Fleischmaschine, von da nach dem Gervinusplatz nach meinem Fleisch und nun kann Pfingsten werden. Jetzt ist am Nachmittag noch Paul gekommen und hat mir auch noch ein paar Kartoffeln gebracht, jetzt kann ich mir schon wieder ein paar Tage durchschlagen, Hoffentlich hat er Glück wenn er morgen nach Massen fährt und bekommt da auch noch etwas.

den 20. Mai (Pfingsten)

Schmückt das Fest mit Maien, laßt uns Blumen streuen!
Ich denke an meinen Bruder Gustav, der einen Pfingsten in der Kirche war und unser alter Pastor Moeller diese Worte als Leitmotiv seiner Predigt gebraucht hatte, was auf ihn großen Eindruck gemacht hatte weil er diese Worte nicht vergessen hat. Wo mag er sich jetzt befinden? Und wo ihr und alle unsere anderen Lieben? Zuletzt hat er von Hamburg an Sanne geschrieben. Denkst Du vielleicht liebe Mutter auch an unsere Pfingsten 1915? Wir wohnten schon im Westend[7] und befanden uns im Kriege. Weißt Du noch was am 1. Feiertag früh morgens trotz des Krieges für Leben und Treiben herrschte? Zu Fuß und mit Wagen mit Musik und Gesang zogen die Ausflügler vorbei. Wir zogen später mit Sanne auch nach dem Stadtwald und lagen auf der Ruhrwiese. Da hatten die Menschen das Lachen und den Frohsinn noch nicht verlernt. Und heute? Abgehetzte schwankende Gestalten beleben das Straßenbild. Und keine Aussicht auf

7. 1863 (Alt-Westend) und 1871 (Neu-Westend) von der Firma Krupp erbaute Wohnkolonie im Süden der Kruppschen Gußstahlfabrik an der Frohnhauserstraße

baldige Besserung. Wir haben wirklich Pfingstwetter. Aufgestanden bin ich um 5 Uhr. Denn wenn ich wachwerde kann ich nicht mehr liegen. Fleisch auf dem Kreuzbein habe ich nicht mehr und so halte ich das Liegen nicht mehr aus. Habe mir heute früh Kartoffeln gebraten mit meinem letzten Fett. Mittags gibt es Erbsensuppe.

2. Pfingsttag

Über Nacht ist das Wetter umgeschlagen. Es regnet stark und anhaltend. Eigentlich wollte ich früh nach dem Garten gehen in der Hoffnung ein wildes Kaninchen zu erwischen, denn die haben wir jetzt in den Gärten. Verschiedenen Leuten haben sie die ganzen Pflänzchen aufgefressen. Unter anderen auch Frau Schmischke ihre. Aber bei dem Regen kann ich nicht gehen. Nun werde ich mich zu Hause beschäftigen. Meine letzte Schnitte Brot habe ich heute morgen gegessen. Jetzt habe ich noch etwas Schwarzwurzelblättersuppe und zu Mittag und Abend habe ich noch ein Glas Mangold. Morgen früh noch ein paar Pellkartoffeln und dann bin ich am Ende mit meinen Lebensmitteln. Morgen gibt es ja auch wieder ein Brot und 75 g Nährmittel, 62 g Fett, da können wir wieder schiwo leben. Der Regen hat am Nachmittag aufgehört. Aber da alles so aufgeweicht ist, bin ich gar nicht rausgewesen. Konrad Gerhard ist am Donnerstag nach dem Westerwald gefahren und wollte am Samstag zurücksein. Ich bin absichtlich nicht hingegangen möchte denen nicht zur Last liegen. Zweimal hat sie mir schon ein paar Kartoffeln gegeben.

Dienstag, den 22 Mai 1945

Heute morgen regnet es immer noch. Dabei empfindlich kalt. Hoffentlich setzt keine Regenperiode ein. Denn die Erdbeeren haben wunderschön angesetzt und wenn die halten was sie versprechen. so würde das eine schöne Ernte werden. Ich war im Garten. Es ist alles schön gewachsen nach dem Regen. Habe Kraut gejätet aber nach einer guten Stunde konnte ich die Finger nicht mehr gerade bekommen. Ich ging nach meinem Kollegen Jachmann, der mir noch einige Sachen von der Fabrik mitbringen soll. Er besorgte mir noch etwas Melde, so daß ich heute keine Brennessel suchen brauche. Mein Freund Paul war noch nicht zurück. Hoffentlich ist er unterwegs nicht aufgefallen so daß sie ihn nicht eingesperrt haben. Auf einmal klopft jemand an die Tür und wer kommt herein? Philipp Leisenheimer. Den habe ich tagelang gesucht. Bin so oft in der Ecke gewesen. Habe die ganze Rankestr. abgesucht. Kein Mensch kennt sie. Hoffte wenigstens mal seine Frau auf der Straße zu treffen vergebens. Er brachte mir 2 Paar Schuhriemen mit um die ich ihn schon lange gebeten habe. Er ist auch nicht mehr in unserem Betrieb, sondern in Lausach. Morgen früh um 7 Uhr will ich ihn in unserem Betrieb treffen, warum schreibe ich noch nicht, denn ich kann es noch nicht glauben, das es Wirklichkeit wird was er mir versprochen das wäre ja zu schön. Na hoffen wir das beste. Jetzt haben wir auch einen neuen Oberbürgermeister. Ein Dr. jur. Rosendahl[8]. Der Name ist mir fremd. Na wenn ich Gerhards treffe, dann werde ich wohl Bescheid wissen. Nieswandt[9] ist ja dauernd unterwegs und hat die Fühlung mit der Militärbehörde und mit unseren früheren städtischen Beamten und Angestellten aufgenommen. Jetzt werden wir neu organisiert. Ich glaube sogar mit Fingerabdruck. Nach der neuesten Bekanntmachung gibt es auch wieder Schwer- und Schwerstarbeiterzulagen. Also ein Schritt zur Besserung. Bei Krupp wird von 58 Jahren aufwärts alles entlassen bzw. pensioniert. Ob ich auch schon dabei bin weiß ich nicht.

Mittwoch, den 23. Mai

Also heute morgen war ich zur Fabrik. Ich habe von Philipp eine Karte für ein Brot erhalten. Was das ausmacht kann nur der beurteilen, der tatsächlich schon am Hungern war; außerdem hat er mir noch etwas Leinöl besorgt. Anschließend ging ich nach dem Garten. Aber eine Kälte haben wir, da kann man nichts machen. Die Finger werden steif und das Ende Mai, wo die Sonne schon bald ihren höchsten Stand erreicht hat.

Freitag, den 25. Mai

Heute war ich zum Arzt. In 14 Tagen wiederkommen. Ruhe und nochmals Ruhe. Anschließend ging ich nach der Siemensstraße nach

8. Dr. Hugo Rosendahl (1884–1964), als Mitglied des Zentrums von 1920–1930 Oberbürgermeister in Hamborn und von 1930–1933 in Koblenz, wurde am 20. Mai 1945 von der Militärregierung als Nachfolger Just Dillgardts (vgl. Anm. 3) eingesetzt. Von Heinz Renner im Februar 1946 als Essener Oberbürgermeister abgelöst, amtierte Rosendahl anschließend bis 1950 als Essener Oberstadtdirektor.

9. Wilhelm Nieswandt (1898–1978), hatte als SPD-Ratsherr zu den sechs sozialdemokratischen Stadtverordneten gehört, die am 26.5.1933 von der SA aus dem Ratssaal geprügelt worden waren.
Obwohl in die Widerstandsorganistion der illegalen Essener SPD einbezogen, entging Wilhelm Nieswandt nach Zerschlagung der Gruppe 1935 dank der Verschwiegenheit seiner Mitgenossen einer Verhaftung. Nach 1945 fungierte Nieswandt als Vorsitzender der SPD-Ratsfraktion Essens (1946–1956), Mitglied des nordrhein-westfälischen Landtags (1946–1956) und als Essener Oberbürgermeister (1956–1969). Als Anerkennung für seine Verdienste um das Wohl der Stadt verlieh der Rat der Stadt Essen Wilhelm Nieswandt an seinem 80. Geburtstag am 6.1.1978 den Ehrentitel „Altoberbürgermeister“.

Fischer. Da gab es Sauerkraut 2 1/2 Pf. Ich ging nach Hause etwas essen und schloß mich nachher nochmals an. Habe also 5 Pf. da kann ich heute Abend etwas roh essen. Morgen muß ich schauen, daß ich 1/2 Pf. Heringe bekomme. Überall stehen Schlangen. Ich glaube jetzt stehen sie auch schon an der Hölle Schlange. Kalt war es auch heute ganz erbärmlich. Da ist es mit dem Wachsen auch nicht weit her. Morgen werde ich wahrscheinlich ein paar Kohlrabipflanzen bekommen.

den 26. Mai 45

Mit den Pflanzen hat es nichts gegeben. Man glaubt gar nicht wie frech das Pack ist. Der deutsche Michel muß immer die Faust im Nacken haben. Am 1. soll ich wiederkommen.

Sonntag, den 27. Mai

Heute ist wieder ein regnerischer Tag und wieder kalt. Ich habe ein wenig gearbeitet, um mir ein Wandschränkchen zu machen. Dabei bin ich empfindlich kalt geworden. Meine Füße sind wieder sehr geschwollen. Es zieht sich schon höher. Mittags habe ich Sauerkraut gekocht. Ohne Fett und ohne Fleisch denn für diese Woche haben wir schon zu Pfingsten bekommen. Anstatt 50 bekamen wir 100 g.

Montag, den 28. Mai 1945

Heute bin ich spät aufgestanden. Aber meine Beine sind nicht dünner geworden. Nun ging ich nach der Gen. holte mein Brot ab, Nährmittel und Zucker. Bekam von der Vorsteherin ein Brot, das von der vorigen Woche zurückgeblieben war, weil es etwas schimmelig war, geschenkt. Auch meine 75 g Nährmittel bekam ich nachgeliefert. Was war ich glücklich. Denn in dieser 76. Zuteilungsperiode bekommen wir in 4 Wochen nur 3 Brote. Dann ging ich nach der Mommsenstr. Laupenmühlen baut seinen Laden wieder auf, jetzt schon zum drittenmal. Aber von Grund auf. Da habe ich vergangenen Freitag durch Zufall einen Maurer kennengelernt, der mir Kautabak besorgen wollte und auch tatsächlich welchen besorgt hat. 5 Rollen. Morgen soll ich noch 2 bekommen. Aber fragt nicht was er kostet. Aber einmal will ich es mir leisten. Nachher ging ich nach dem Garten. Heute ist es schön warm. Ich habe die ersten 2 reifen Erdbeeren gepflückt. Nun ich habe Leisenheimers ein paar Erdbeeren versprochen. Angesetzt haben sie ja gut. Aber heute nachmittag regnet es schon wieder. Ich soll ja ab und zu bei Leisenheimers vorsprechen. Sie wollen mir wenigstens ein paar Schnitten Bot geben. Wenn es irgend möglich, werde ich sie nicht zuviel belästigen. Konrad Gerhard ist auch gut zurückgekommen. Er war im Garten, hatte aber keine Zeit und anscheinend auch keine Lust zum Sprechen. Na ich kenne ihn ja und mache mir nichts daraus. Ein andermal schwätzt er dafür umso mehr. Jetzt liege ich im Bett und schreibe. Ich muß mich schonen, damit ich morgen auf dem Damm bin. Denn ich glaube morgen erbe ich wieder etwas. Warum ich das alles so aufschreibe? Ich weiß, daß man das Schlechte so leicht vergißt, und das ist ja das Gute im menschlichen Leben. Aber wenn ich noch einmal gesund werde und wir uns alle noch einmal gesund wiederfinden sollten, dann sollen diese Zeilen Euch und vor allen Dingen unseren Enkelkindern ein bleibendes Dokument sein und dazu beitragen, den Antikriegsgedanken in ihre Hirne einzuzwängen. Weißt Du liebe Mutter, was unser Fritz damals sagte, als er in Urlaub war? Wenn es soweit ist, dann werden diejenigen, die jetzt am lautesten Heil Hitler schreien sagen, das haben wir doch nicht gewußt, daß es so kommen wird! Und es ist tatsächlich so. Aber ich habe auf offener Straße schon manchem einen Nasenstüber gegeben, wenn sie jetzt schimpfen wie die Rohrspatzen. Ich habe auch dem Philipp meine Meinung gesagt. Natürlich im gemütlichen Ton. Er sagt, er bekommt soviele Vorwürfe von seiner Frau und immer sagt sie, Frau Labudat die hat das alles schon vorausgesagt. Also hat Dein Reden doch manchmal gut gewirkt.

Dienstag, den 29. Mai 1945

Ein herrlicher Maientag ist heute angebrochen. Ich muß leider heute noch ziemlich arbeiten. Aber was macht man nicht alles um das Leben zu fristen. Wenn ich wüßte wie es Euch geht und ob Ihr noch gesund und am Leben seid. Ich glaube ja nicht an die Greueltaten der Russen, wie sie uns von der deutschen Propaganda hingestellt wurden. Daß Übergriffe vorgekommen sind auf jeden Fall. Aber wüßte ich, daß Euch etwas zugestoßen wäre von den Russen oder Tschechen, dann gäbe ich den Kampf um das Dasein auf. Was hätte das dann noch für einen Wert? Aber so will ich weiterkämpfen. Denn was würdet Ihr Euch für Gewissensbisse machen, trotzdem ich immer in meinen letzten Briefen darum gebeten habe, es nicht zu tun. Denn alles ist Bestimmung und Schicksal. Kismet sagt der Mohamedaner. Also ich will heute einen Wagen Kohlen aus unserem alten Keller holen. Ein paar will ich auch noch für Gerhards abgeben. Die Kohlen werden rarer werden weil die Alliierten ja viele brauchen werden durch unsere sinnlosen Zerstörungen in Holland, Belgien und Frankreich. Was haben unsere Verbrecher dem deutschen Volk nur hinterlassen? Not und Elend für Kind und Kindeskinder. Man muß sich manchmal an den Kopf fassen und fragen, wie war so etwas möglich. Wir haben das ja wohl vermutet aber daß solche Greueltaten, wie sie in den KZ–Lagern passiert sind, Tatsachen waren, da steht einem der Verstand still. Am Nachmittag? Ich habe das, was ich mir vorgenommen, erledigt und bin dann früh zu Bett gegangen. Am Mittwoch wollte ich eigentlich gar nicht raus, aber man ist ja gezwungen, wenn man existieren will. Aber am Nachmittag bin ich ins Bett gegangen. Vormittags war ich beim Dentist. Aber es war kein Strom da. Er konnte infolgedessen nicht arbeiten.

Donnerstag, den 31. Mai 1945 (Frohnleichnam)

Ich liege im Bett und schreibe. Eigentlich unbequem. Mein Füllhalter schreibt zu weich und dick. Also will ich mal mit Tintenstift schreiben. Auf dem Nachhauseweg gestern vom Zahnarzt traf ich Frau Gerhard mit Frau Lindenau. Dann kam unerwartet Frau Grimling dazu. Nach dem üblichen Sermon wo ist Ihre Frau? Im Sudetenland. Noch nicht zurück? nein. Na das ist doch allerhand. Ich bin doch auch zurück. Waren Sie auch im Sudetenland? nein aber im Hessischen. Und das vergleichen Sie mit dem Sudetenland? Na da ist doch ebensowenig Krieg gewesen wie in Hessen. Da habe ich der Frau Grimling mal gründlich meine Meinung gesagt. Das sind so Leutchen, die alles besser wissen und verstehen wollen wie alle anderen. Aber sie hat sich nicht viel daraus gemacht und nachdem sie zu Wort gekommen und ihre Erlebnisse erzählt war sie ganz zufrieden. Heute morgen habe ich mir ein Kästchen gemacht für die Papiere. Ich muß das kleine Köfferchen frei haben denn nun will ich Ernst machen mit meiner Fahrt nach Thüle. Morgen früh gehe ich noch einmal zum Rathaus wegen einem Passierschein und wenn ich keinen bekomme fahre ich schwarz. Ich muß es darauf ankommen lassen. Etwas Wäsche muß ich mir auch noch fertig machen. Da muß ich gegen Abend wieder raus aus dem Bett. Morgen früh als erstes zum Gärtner. Ich sollte am 1. noch einmal vorsprechen wegen Pflanzen. Dann zum Garten, von da nach der Fabrik. Habe da noch einiges von meinen Sachen abzuholen. Und zwischendurch spekulieren, ob ich etwas zum Fressen bekomme. Heringe habe ich noch zu bekommen auf 62 g Käse. Es ist aufgerufen aber etwas zu bekommen, das hält schwer. Noch ein paar Worte zu unserem Bürgermeister. Es ist ein Zentrumsmann wie mir Frau Gerhard sagte. Im allgemeinen ist die Lage schwieriger geworden, seitdem oben in der Nähe der Polizeikaserne ein Massengrab mit verendeten Russen gefunden ist die von der Gestapo ermordet sind.[10]

10. Kurz vor dem Einmarsch der amerikanischen Streitkräfte Ende März 1945 hatte die Essener Gestapo 34 sowjetische Kriegsgefangene aus dem Polizeigefängnis zu einem wildgewachsenen Waldgrundstück an der Norbertstraße, dem sogenannten „Montagsloch“, transportiert,

Denn anders kann man es nicht nennen. Die Hände mit Draht zusammengebunden und dann an die Knie gezogen und mit Genickschuß so hat man sie verscharrt. Unser Meier den haben sie auch auf der Straße aufgegabelt zum Ausgraben und Beerdigen. Braucht man sich da zu wundern, wenn wir nachher so behandelt werden wie wir es verdienen! Wir persönlich haben ja mit solchen Gemeinheiten nichts zu tun aber wir müssen eben mitleiden. Ich habe auch eine kurze Zeit die Gefangenen abgeholt zur Arbeit und nach Hause gebracht. Aber von denen wird sich keiner beklagen. Ich bin sogar in der Wirtschaft mit ihnen gewesen. Da haben sich so ein paar Hakenkreuzbullen aufgepumpt. Ich sagte aber, das sind Zivilarbeiter und zwar Zimmerleute die mit mir am Bau arbeiten. Da war die Wirtsfrau beruhigt. An unserem Garten bin ich mit ihnen vorbeigegangen und habe ihnen Zwiebeln gegeben. Gemüse konnten sie immer etwas bekommen.

den 2. Juni 1945

Mein Zustand wird schlimmer anstatt besser. Passierschein habe ich keinen bekommen. Morgens bin ich am Bahnhof. Fahrschein bekomme ich nur bis Langendreer. Von Langendreer bis Lütgendortmund zu Fuß. In Lütgendortmund Fahrschein bis Asseln weiter fahren die Züge nicht. Von Asseln zu Fuß nach Brakel. Dort fährt schon die Straßenbahn nach Massen. In Massen werde ich freundlich empfangen. Willi schläft. Rosa hat noch einen guten Teller weiße Bohnen mit Möhren und macht dazu ein Spiegelei. Jetzt sieht die Welt schon etwas anders aus. Willi hat auch noch etwas Tabak und auch etwas Schnaps. Er sagt, trink nur einen dann vergeht die Schwermut. Er ist auch schon wieder politisch tätig. Abends kommt ein guter Bekannter und meint, ich soll versuchen von Unna mit einem Auto mitzukommen. Ist auch sehr optimistisch. Am Sonntagmorgen kommt Willi mit nach Unna. Dort stehen 2 Polizisten von uns und regeln den Verkehr. Jeder deutsche Wagen wird angehalten und nimmt Leute mit. Nach etwa 10 Minuten kommt ein Trecker mit 2 Anhängern der angeblich bis Soest fährt. Meint der Polizist fahr ruhig mit. Ein Stück haben Sie dann schon geschafft. Ich befolge den Rat und stelle während der Fahrt fest, daß die Wagen bis Paderborn fahren. Was für ein Glück. Wenn der Trecker auch langsam fährt, um 1/2 3 nachmittags sind wir in Salzkotten. Ich kehre zuerst bei Hupens an als ich in Thüle ankomme und finde noch den Kaffeetisch gedeckt und Streuselkuchen. Jawohl so etwas gibt es noch. Die Freude beiderseits war groß. Denn ich war ja nach den Parolen die

erschossen und anschließend in einem Bombentrichter verscharrt. Obwohl die Täter namentlich bekannt waren, blieb das Verbrechen bis heute ungesühnt.

umliefen ernstlich beunruhigt und im Zweifel, ob ich sie und ihre Habe noch heil antreffen würde. Ebenso wieder die Thüler. Und eines muß ich feststellen. Hupens sind wirklich gastfreundlich. Das habe ich in den Tagen festgestellt. Besonders Liesbeth. Da ging kein Hamsterer weg der nicht eine Kleinigkeit bekam und wenn es ein Butterbrot, gewürzt mit einem freundlichen Wort war. Und was das heißt, kann nur der beurteilen, der sich die Sache als Unbeteiligter ansehen kann. Die Bauern wären an einem Tage arm, wenn sie jeden Hamsterer befriedigen wollten. Es ist einfach schlimm. Einer nimmt dem anderen die Türe aus der Hand. Liesbeth begegnete ich gerade im Garten als ich ankam. Sie sollte nach dem Fichtenstrang. Jetzt blieb sie natürlich zu Hause. Aber Heinrich, der zu irgendeiner Besprechung wegmußte, traf Onkel Jösken, der mich schon dringend einlud hinzukommen. Essen wäre genug da und auch Arbeit hätten sie genug. Nachdem wir uns genügend oder besser gesagt, das Wichtigste durchgesprochen hatten, ging ich nach dem Fichtenstrang. Wurde auch gut aufgenommen aber so wie es ihre Art ist. Nun muß ich noch erwähnen, daß sie alle sehr in Sorge waren über das Schicksal ihres Jungen. Das schönste dabei war, daß sie vorher, 8 Tage vorher, noch in Thüle waren und zwar auch unser Josef. Könnte ich Euch jetzt irgendeine Nachricht zukommen lassen. Oder was hat Euch das Schicksal beschert? Ich habe nämlich auf der Rückfahrt von Thüle Frauen gesprochen und gehört, die aus dem besetzten russischen Gebiet und aus der Tschechei kamen, da konnte man das Grauen bekommen. Also zur Sache. Josef ist glücklich wieder in Deutschland gelandet. Lag im Fliegerhorst bei Osnabrück und war dienstlich in Lippstadt. Bekam drei Tage Urlaub die er in Thüle verlebte. Franz lag in Hamm und war auch ein paar Tage vor Josef noch zu Hause. Josef Hupen war auch schon im Einsatz und lag auch in Hamm. Anton weiß ich nicht wo er gelegen hat. Hamm soll sich noch schwer verteidigt haben. Jetzt die Sorge. Leben sie noch oder nicht.

Thüle den 5 Juni 1945

Wir haben Kartoffeln gehackt. Ich kann nicht viel machen. Meine Beine sind wie die Butterfässer. Gestern nachmittag lag ich im Bett. Anna brachte mir sogar den Kaffee nach oben. Obwohl ich versichert hatte, daß ich schon runterkäme wenn ich hunger hätte. Nun will ich einmal ganz ehrlich sagen, das Menschenkind hat es nicht leicht und ich kann es auch jetzt verstehen, wenn sie die Gelegenheit ausnützte, wenn die Oma da war. Sonnntagabend sind wir noch im Gemüsegarten gewesen. Sie hat sehr viel und gutes Gemüse im Garten und den Garten sehr gut in Schuß. Alle Achtung! Dabei hat ihr keiner geholfen in diesem Frühjahr. Denn der Onkel Jösken ist doch auch schon ziemlich klapperig. Wenn ich ihn so beobachte, dann tut er mir so leid. Denn das ganze hängt doch auf ihm. Onkel Josef ist auch nicht viel besser dran und Onkel Theo, der noch der Rüstigste ist, hat ja auch nicht direkt mit der ganzen Sache zu tun und läßt die Dinge an sich herantreten.

Montag, den 11. Juni 1945

Als ich heute morgen wach wurde und meine Füße besah, war ich einfach sprachlos. Man sollte es nicht für möglich halten aber es ist Tatsache. Waden wie ein Kinderarm. Die Geschwulst ist weg. Nur die Knöchelgelenke sind noch etwas dick. Jetzt gehen wir nach dem Haßlei Kumst[11] pflanzen. 365 Pflanzen wollen wir ziehen sagt Onkel Jösken. Soviel Pflanzen wie Tage im Jahr. Am Samstag habe ich Steckrüben gepflanzt, da wo es Lücken zwischen den Rüben gab. Jetzt pflanzen wir Kohl, machen das Rübenfeld fertig und ziehen ein paar Körbe Wruckenpflanzen[12], die wir am Nachmittag an den Weg der nach Scharmede führt, pflanzen. Da haben sie schon zum zweiten Mal Rüben gesät und es ist wieder nichts geworden. Es liegt am Acker heißt es. Habt ihr den Samen gebeizt? In diesem Jahr nicht. Na also! Die Pflanzen haben den Schwarzfuß. Als wir abends nach Hause kommen, kommt Anna freudestrahlend uns entgegen. Nachricht von Franz. Ein Kamerad aus dem Nachbardorf ist nach Hause gekommen. Er bringt den Militärpaß von Onkel Jösken, den Franz mitgenommen hatte, weil er Urlaub beantragt hatte, wegen des hohen Alters seines Vaters. Also die Sache ist die, Franz ist in Hamm verwundet. Splitter oder Durchschuß am Arm. Die Verwundeten kamen in einen Bunker. Die Amerikaner haben sie abtransportiert. Der Lazarettzug ist wahrscheinlich nach Rheine gegangen. Also die Hoffnung, daß er lebt und bald wiederkommt, denn die Leute aus der Landwirtschaft werden als erste entlassen.

Dienstag, den 12. Juni 1945

Heute morgen haben wir wieder Wrukenpflanzen geholt. Eigentlich wollten wir in Klee gehen. Wir haben schon ein Stück gemäht. Aber es regnet. Also rin in die Wruken. Mein Zustand ist zufriedenstellend. Jetzt noch eine 14 Tage hin und ich wäre wieder auf dem Damm. Aber ich muß leider nach Hause, denn ich sollte mich schon am vergangenen Freitag dem Arzt vorstellen. Jetzt muß ich sehen, daß ich Freitag den 15. zur Stelle bin. Also rin in die Wruken. Abends gehe ich auf den Nachhauseweg gleich bei

11. Kumst = ostpreußischer Sammelbegriff für „Kohl“
12. Wruke = Steck-/Kohlrübe

Hupens vorbei, weil Liesbeth mir etwas Roggenmehl versprochen hat. Wir werden uns einig, daß ich nächsten Morgen vorbeikomme und dann einpacke. Hier auch große Freude, weil sie auch durch einen Rückkehrer Nachricht von Josef erhalten haben. In 10 bis 12 Tagen können sie mit seiner Rückkehr rechnen. Nun gehe ich zu Onkel Heinrich. Heinrich Hupen hatte mir den Rat gegeben, ich sollte ihn mal ankeilen wegen etwas Mehl. Das könnte er mir ganz gut besorgen, weil er schon mal beim Müller hilft. Na versprochen hatte er es mir auch aber als ich hinkam hatte er noch nichts. Meiner Ansicht nach hatte er noch nichtmal mit dem Müller gesprochen. Wann willst Du fahren? Am Mittwoch! Kerl warte doch noch einen Tag. Ich werde meine Pflicht tun. Am Mittwochmorgen mache ich mich fertig. Es wird spät.

Anna will mir noch ein paar Eier geben also muß ich mich danach richten. Sie gibt mir tatsächlich 25 Eier. Eine Büchse Wurst und ein Glas Fleisch, eine Tüte mit Weizenmehl und ein Säckchen mit Wibbelbohnen, die Oma sich mal von Hupens mitgebracht hat. Bezahlt nimmt sie absolut nichts.

Mittwoch, den 13. Juni 1945

Als ich nun fortgehe, fängt es an zu regnen. Na ich haue ab bis nach Hupens. Na Opa in diesem Regen kannst Du doch nicht gehen. Liesbeth nimmt meinen Koffer und stellt ihn weg. So nun wartest Du bis das Wetter besser wird. Anna hatte ich noch vor ein paar Tagen um ein Stück Brot gebeten wenn ich abfahren sollte. Sie hatte zwar ein dummes Gesicht gemacht aber heute morgen gab sie mir tatsächlich ihre Brotkarten mit und meinte, Hupens Kinder könnten mir das holen. Das haben die denn auch gemacht. Liesbeth wollte alles abholen aber das habe ich abgelehnt. Denn unverschämt will ich nicht werden. Die Brote wiegen 8 Pfund da kann ich mir schon gut helfen. Nun hieß es, die Züge fahren ab Donnerstag wieder. Aber nur wer einen Passierschein hat bekommt eine Fahrkarte. Am Nachmittag, als der Regen nachließ, wanderte ich dann nach Salzkotten. Ich gehe zum Schalter: kann ich eine Fahrkarte nach Essen bekommen? Nein! oder sie müssen eine Anmeldung vom Wirtschaftsamt haben. Die habe ich leider nicht. Wie weit fährt der Zug, der morgens 5.59 Uhr von hier abfährt! Bis Soest. Mit dem können Sie fahren wenn er nicht überfüllt ist. In Soest müsen Sie umsteigen bis Welver wieder bis Lüttgendortmund. In Lüttgendortmund bis Langendreer und von Langendreer kommen Sie nach Essen. Danke! Ich hatte verstanden. Jetzt war es mir schon ein Stück leichter ums Herz. Zu Hupens gekommen, mache ich mit Liesbeth meinen Koffer fertig. Sie gibt mir einen Beutel Roggenmehl, ein halbes Pfund Butter und ein schönes Stückchen Speck. Auch ein paar Kartoffeln tut sie mir noch in die Tasche. Kartoffeln könnte ich mehr haben aber erstens die Schlepperei und Kartoffeln nehmen die Ostarbeiter meistens ab.

Donnerstag, den 14. Juni 1945

Geschlafen habe ich bei Hupens. Heinrich hatte Nachtwache. Nach Onkel Heinrich bin ich nicht mehr hingegangen. Werde es auch in Zukunft nicht tun wenn ich noch einmal hierherkomme. Heinrich kam um 1/4 nach 3 nach Hause. Er weckte mich. Liesbeth hatte Kaffee in der Thermosflasche und Butterbrot fertiggemacht. Um 1/4 vor 5 wanderte ich los. Ausgang ist erst von 5 Uhr ab aber ich bin niemandem begegnet. Fahrkarte bekam ich. Großer Andrang der Hamsterer. Zwischendurch Rückkehr mit ihrem vielen Gepäck. Was habe ich gut getan, daß ich damals nicht auch geflüchtet bin. Nun der Zug wird ja in Paderborn eingesetzt und wir kamen alle gut mit. Schwieriger war es schon für die Leute, die in Geseke, Lippstadt und den Zwischenstationen einstiegen. In Lippstadt kamen einzelne schon nicht mehr mit. Wir kamen gut in Soest an. Um 10 Minuten vor 11 sollte der nächste Zug fahren. Das war eine lange Wartezeit. Dabei sind es bis Welwer nur ein paar Stationen. Auch das ging vorüber und in Welwer dasselbe. Kurz vor Welwer flog mir mein Hut durchs Fenster. Denn Scheiben haben die meisten Wagen ja noch nicht. Ade! auf nimmerwiedersehen. Auch dieser Schmerz geht vorüber. In Welwer war es schon beängstigend voll. Ich bin im Packwagen eingestiegen und habe das so gemacht bis Langendreer. In Langendreer war es schon besser und da bin ich wieder im Personenwagen eingestiegen und habe sogar einen Sitzplatz erhalten. Der Zug fuhr durch bis Mülheim/Eppinghofen und um 10 nach 7 waren wir in Essen–West. Also in 13 Stunden von Salzkotten bis Essen. Zu Hause eine Tasse Kaffee gekocht und rein in die Klappe.

Freitag, den 15. Juni 1945

Nun bin ich beim Arzt gewesen. in 14 Tagen wiederkommen. Wenn ich aber meine, daß es früher geht, soll ich früher kommen. Als ich nach Hause komme, ist der Krankenkontrolleur dagewesen und hat mir eine Einladung für den Vertrauensarzt für den 16. Juni hinterlassen. Habe ich nicht einen großen Dusel gehabt? Ich bin dann zum Vertrauensarzt gegangen. Er hat mich gründlich untersucht, nichts gesagt nur nach dem Alter gefragt. Als ich wieder einen Krankenschein in Empfang nahm, sagte mir das Fräulein, am 12.7. wieder zur Untersuchung. Das sind länger als 3 Wochen. Nun muß ich am 21. Juni zum Arbeitsamt. Es werden alle bis zu 60 Jahren neu registriert. Nun könnte ich am 21. wieder nach Thüle fahren aber es ist ein

Haken dazwischen. Wie es heißt, sollen wir zum 1. Juli die Schule räumen. Ist das der Fall und ich bin nicht da, wenn wir eine Wohnung angewiesen bekommen, ist die Lage brenzlich. Aber ich werde warten bis zum 2. Wenn dann nichts Neues eintritt, haue ich doch ab. Warum ich nicht früher zum Vertrauensarzt mußte? Dr. Blum gab mir einen gewöhnlichen Zettel mit worauf er mir die Arbeitsunfähigkeit bescheinigte. Da stand in einer Ecke ein Stempel „Franziskakrankenhaus“. Als Herr Timmer mir den Krankenschein mitbrachte, stand da drauf, wurde am 9.5. im Franziskakrankenhaus verpflegt. Nun müssen die wohl angefragt haben nach meinem Befinden und sind wohl dahintergekommen, daß sie einen Fehler gemacht haben. Ich machte sie an der Krankenkasse darauf aufmerksam, aber die störten sich wenig daran. Nun ich werde acht geben wenn ich mein Krankengeld abhole. Gestern erfuhr ich noch, daß während meiner Abwesenheit Gustav und Minna da waren auch mein Bruder Franz. Gustav hat hinterlassen, ich möchte sie besuchen. Zu essen hätten sie noch was. Werde mal versuchen hinzufahren.

Montag, den 18. Juni 1945

Heute bin ich zur Polizei gewesen um mich im Verbrecheralbum eintragen zu lassen. wir haben nämlich neue Ausweise bekommen mit Abdruck des rechten Zeigefingers. Einen haben wir und einer bleibt bei der Polizei. Nachmittag muß ich mal wieder zum Garten. Fast ein drittel meiner Möhren hat mir das Volk rausgerissen. Es ist doch noch nichts dran. Dabei alles zertreten. Die Spur rührt von einem Frauenschuh her. Wäre schon etwas daran, dann gäbe es von der ausgerissenen Ecke 7 – 8 Mahlzeiten. Was werden wir von unseren Sachen übrighalten? Frau Schmischke haben sie schon Kartoffeln rausgerissen. Jetzt haben wir englische Besatzung. Wie die sich bewähren wird, müssen wir abwarten. Ich persönlich bin der Meinung, sie wird etwas straffer sein aber andererseits auch ein bißchen schärfer den Ausländern gegenüber. Denn der Engländer fühlt sich doch immer als Gentleman. Heute vormittag waren wieder so zwei Hampelmänner von Lehrern da um zu sehen,ob die Schule schon geräumt ist. Wie die sich das vorstellen weiß ich nicht. Bis jetzt hat noch niemand jemandem eine Wohnung zugewiesen. Nur das eine können sie. sagen daß die Schule geräumt werden muß. Diesen Herren gefällt es anscheinend nicht bei der Stadtverwaltung und sie wollen zu ihrem alten Beruf zurück. Ich lasse die Sache an mich herankommen. Jetzt am Nachmittag ist mein Freund Paul gekommen. Jetzt will er wieder endgültig hierherkommen. Sein Sohn ist aus dem Felde heimgekehrt und wohnt bei der verheirateten Tochter als erster Grund. Der zweite, er will hier sein, damit er auf dem Laufenden wegen der Wohnungsfrage ist. Er hat noch etwas Zucker. Ich habe Erdbeeren und Rhabarber als Marmelade gekocht. Nur zu wenig Zucker. Jetzt habe ich den ganzen Schmand noch einmal mit Zucker durchgekocht und dann teilen wir uns den Salat. Nach verschiedenem Hin- und herberaten sind wir zu dem Beschluß gekommen, daß ich morgen zur Wohnungsverwaltung gehen will um Klarheit zu erhalten btr. der Räumungsfrage. Habe ich noch Zeit, fahre ich noch einmal für 14 Tage nach Thüle. Wenn ich dann gesund geschrieben werde und ich bekomme meinen Erholungsurlaub, dann ist die schlimmste Zeit vorbei, dann gibt es Frühkartoffeln und auch die Gemüseknappheit wird nicht mehr so groß sein.

Dienstag, den 19. Juni 1945

Gestern noch meinte ich, die englische Besatzung wird den Ausländern gegenüber straffer auftreten, das scheint aber nicht der Fall zu sein. Jetzt bin ich im Garten gewesen und habe Johannisbeeren gepflückt. In diesem Jahr ist schön was dran. Aber nun fehlt der Zucker. Die Parole geht um, daß es 4 Pf. geben soll. 2 Pf. braunen und 2 Pf. weißen. Ich glaube nicht daran. Wenigstens 10 Pf. müßte man haben. Aber soweit es geht, will ich versuchen, ohne Zucker etwas einzukochen.

Donnerstag, den 21. Juni 1945

Sonntag, den 21. Juni 1909. Ja es war ein Sonntag, Regnerisch und trübe als ich den Feldweg nach Hundsdörfer hinausfuhr um die Frau Stephen abzuholen, die bei Hundsdörfer auf Kindtaufe war. Wir fuhren erst zu ihrer Wohnung nach Niebudzsen um ihre Sachen abzuholen. Nachher das stundenlange Hangen und Bangen bis Du das Licht der Welt erblicktest. Ich war glücklich als alles vorüber war und du wohlgeformt und gesund neben Deiner Mutter gebettet warst. Bist du zufrieden? das war die Frage Deiner Mutter? Jawohl meine Tochter. Ich war zufrieden und bin es noch immer gewesen. Denn Du hast mir in meinem Leben noch keine Enttäuschungen gebracht. Heute am 21. Juni 1945 wieder das Hangen und Bangen wie damals. Hoffentlich geht es wieder so aus und Ihr kehrt heil und gesund an Leib und Seele zurück. 35 Jahre? Welch eine lange Zeit wenn sie vor einem liegt und wie kurz, wenn sie hinter einem liegt. Früher Sonnenschein lockte mich heute morgen aus dem Bett. Hoffentlich habt Ihr auch Sonnenschein. Auch ein klein wenig im Herzen. Ginge die Post jetzt und man könnte sich verständigen, dann wäre alles halb so schlimm. Nun will ich hoffen, daß wir Deinen nächsten Geburtstag gemeinschaftlich verleben. Die wirtschaftlichen Verhältnisse werden sich bis dahin nicht viel gebessert haben aber wenn wir noch alle gesund und beieinander sind, läßt sich alles besser ertragen. Nächsten Dienstag will ich versuchen wieder nach Thüle zu fahren. Vielleicht treffe ich Josef da schon an.

Freitag, den 22. Juni 1945

Heute habe ich im Garten die Johannistrauben abgepflückt. Den Rest der roten und auch die schwarzen. In diesem Jahre hatte der schwarze Strauch auch viel angesetzt. Es lag wohl an dem günstigen Frühjahr einerseits und dann wohl auch daran, daß ich ihn im vergangenen Jahr so stark zurückgeschnitten hatte. Ich habe wohl über 3 Liter abgepflückt und es sind noch nicht alle aber die sind noch nicht reif. Ich werde ein paar Gläschen Gelee davon kochen. Auch ein Glas Mangold werde ich einkochen. Es ist nur ein Haufen Arbeit. Wenn ich nicht feiern würde, ich weiß nicht wie ich das alles machen sollte. Sonntag werde ich mal versuchen nach Hattingen zu fahren. Ich möchte mich wieder einmal mit Gustav unterhalten.

Samstag, den 23. Juni 1945

Nun habe ich das gröbste geschafft. Der Weckkessel steht auf dem Ofen. Ein Glas rote Johannisbeeren, ein Glas Erdbeeren und ein Glas Mangold habe ich fertiggemacht. Auch den Saft von den schwarzen Johannisbeeren habe ich fertig. Nun werde ich mir zu Mittag Mangold kochen. Heute nachmittag werde ich noch eine Reihe säen, da wo der Rettich steht. Der Rettich ist in diesem Jahre vorzüglich gediehen. Schade daß meine Zähne so schlecht sind. Ich kann ihn schlecht beißen. Nun muß ich das wegschenken. Die Bohnen stehen bis jetzt prima. Die Wollbohnen blühen schon. Wir haben aber auch ein günstiges Wetter. Warm und zeitig genug Regen. Jetzt ist es 1/2 6 Uhr nachmittags. Ich bin nun fertig mit meiner Einkocherei. Jetzt koche ich mir noch eine Suppe von den Rückständen der Johannistrauben und dann ist Feierabend. Ich wollte noch nach dem Garten und nach Leisenheimer aber ich glaube, das wird ein bißchen spät werden. Die schwarzen Johannistrauben gelieren nicht gut. Ich habe wenig bekommen. Neulich die roten, da hat es besser geklappt. Aber ich glaube es liegt nur an dem wenigen Zucker.

Na nächste Woche ist ja wieder eine neue Periode, da gibt es ja wieder neuen Zucker. Eben reichte mir Frau Jänike die neuesten Bekanntmachungen rein. Da stehen auch die Lebensmittelrationen für die nächsten 4 Wochen: 400 gr. Marmelade oder 200 gr. Zucker. Also Herz was willst du noch mehr.

Sonntag, den 24.6.1945

Ein schöner Sonntagmorgen. Ich weiß nicht was ich zuerst machen soll. Erst nach dem Garten gehen und dann nach Hattingen? Eigentlich habe ich gar keine Zeit für Hattingen. Aber ich werde noch ein paar Strümpfe mitnehmen. Vielleicht bekomme ich die gestopft. Das ist nämlich die schäbigste Arbeit. Mit dem anderen werde ich schon fertig.

Dienstag, den 26. Juni 1945

Nun bin ich Sonntag in Hattingen gewesen. Heinz ist am Sonnabend nach Hause gekommen. Der hat den Schlußakt gut überstanden. Das scheint ein ganz geriebener Bursche während seiner Militärzeit geworden zu sein. Sonst aber ein lieber Kerl geblieben. Ich bin bis Montagmorgen geblieben. Ich hatte mir noch Kartoffeln mitgenommen auch mein Brot. Aber Kartoffeln haben die jetzt genug. Gustav hat bei Tiggemann mitgeholfen auch Minna. Da haben sie Kartoffeln mitbekommen. Minna Böck war kurz vorher aus dem Oldenburgischen zu Besuch dagewesen. Die eine Schwester von Ludwig ist auch noch da. Die arbeitet jetzt bei einem Bauer in Holthausen. Steht sich dabei ganz gut. Aber die Russenplage ist auch da ganz schlimm. Gustav und Hilde haben kein Fahrrad mehr. Wann wird das einmal aufhören? Nun will ich heute noch einmal zur Fabrik und morgen will ich noch einmal nach Thüle.

Den 20. Juli 1945

Gestern bin ich wieder von Thüle nach Hause gekommen. Am Mittwoch, den 27. Juni morgens bin ich abgefahren und Donnerstagmorgen um 1/2 11 Uhr war ich da. Übernachtet habe ich in Soest im Bunker. Also erfüllen die Bunker zum Schluß doch noch einen guten Zweck. Ich bin bei Hupens geblieben auf Vorschlag von Liesbeth. Die haben ihren Heini da. Außerdem war auch noch ein Mädchen aus Gladbeck da. Die Schwester von dem Jungen, welchen sie zur Zeit da hatten. Und zum Schluß noch ein Kriegskamerad von Franz. Da war ich eigentlich so überflüssig wie der Dreck zu Pfingsten.

Franz Wichers und Josef Hupen waren nämlich schon beide zu Hause. Wo mögen unsere sich rumschlagen? Ich weiß von allen dreien nichts. Anton Hupen ist auch noch nicht da. Die alte Oma grämt sich auch langsam zu Tode. Ist sehr hinfällig. Die Mehrzahl der Bauernjungens ist schon zu Hause und jeden Tag hört man heute ist der und gestern der gekommen. Es hat mir bei Hupens gut gefallen. Sie leben ja nicht so fett wie Wichers aber immerhin sehr anständig. Nun war ich zu allem Unglück auch noch ernstlich krank geworden. Erst schickten sie mir die Schwester auf den Hals und die dann den Dr. Hunold. Ich war der Meinung, ich hätte einen Magenkatarrh aber die beiden behaupteten, das käme vom Herzen. Erbrechen u.dgl. Ich war ganz unglücklich. Aber Liesbeth hat mich sehr gut gepflegt. Sie sagte immer, sie täte es gerne aus Dankbarkeit, daß sie ihren Jungen gesund wiederhätte. Es wurde auch wieder besser und ich konnte mich auch wieder nützlich machen denn Mia hatte einen kranken Daumen. Sah sehr böse aus und der Arzt hatte ihn geschnitten. Da habe ich denn Kartoffeln geschält, Gemüse geholt, Erbsen und Bohnen gedöppt, Johannisbeeren gepflückt usw. Die letzten Tage haben wir die Gerste gedroschen und den Roggen auf dem Kamp mit der Hand gemäht. Einen Nachmittag war ich mit Liesbeth und den anderen Tag waren wir alle zusammen raus außer Josef. Der hatte Fieber. Er sagte, krank bin ich nicht nur schlapp. Die Jungens sind zu früh im Einsatz gekommen. Aber als ich am Donnerstag abfuhr, ging es ihm schon besser. Am Donnerstag bin ich dann morgens um 5,57 Uhr von Salzkotten abgefahren und war um 1/2 1 in Essen–West. Zu Hause fand ich dann auch noch alles in guter Ordnung vor. Morgen gehe ich zur Krankenkasse und lasse mich gesund schreiben. Wenn es geht, nehme ich meinen Erholungsurlaub und noch ein paar Tage dazu und fahre dann noch einmal. Wenn die Fahrt nur nicht so langsam und strapaziös wäre. Aber augenblicklich ist es verheerend mit der Hamsterei, trotzdem es von den Engländern unter Strafandrohung verboten ist.

Sonntag, den 22. Juli 1945

Nun will ich wieder auf dem Block schreiben. Die Federn haben alle mehr oder weniger durch den Rost gelitten und hier kann ich auch mit Tintenstift ganz gut schreiben. Jetzt werde ich allmählich unruhiger. Man hört so viele sich widersprechende Parolen, so daß man gar nicht mehr weiß, was man glauben soll. Einer spricht so und der andere so. Wenn man den Leuten auf den Zahn fühlt, wissen sie gar nichts. Nur ein Beispiel: Ich bin bei Hupens auf der Diele, kommt ein Hamsterer, ziemlich junger Mann. Ob er vielleicht hier ein Butterbrot bekommen könnte. Bin schon 5 Wochen unterwegs. Von wo kommen Sie? Aus dem Sudetengau. Erzählt dann sehr viel und als ich konkrete Fragen stelle und er merkt, daß ich im Bilde bin, da stellt es sich heraus, daß er gar nicht im Sudetengau gewesen ist, sondern nur bis Chemnitz in Sachsen. Und so ist es in den meisten Fällen. Nun zur Sache. Ich bin nun beim Vertrauensarzt gewesen und bin arbeitsfähig geschrieben. Habe auch nichts dagegen. Jetzt will ich doch auch wissen woran ich bin. Ob ich entlassen werde oder man mich woanders hinsteckt. Ich will meinen Erholungsurlaub nehmen, wenn möglich noch ein paar Tage dazu und fahre dann wieder nach Thüle. Bin dringend und herzlich eingeladen. Arbeit haben die jetzt genug und wenn man arbeitet ist man auch willkommen. Meine beiden Nachbarinnen, Frau Gerhards und Frau Schmischke haben schon tüchtig was eingeweckt für uns. Wenn das weiter so klappt, bekomme ich schon was im Keller. Nur Zucker fehlt. Denn die Brombeeren stehen auch gut. Die Kartoffeln sind auch zufriedenstellend, trotzdem ich meine eigene Saat gepflanzt habe. Aber im nächsten Jahr muß ich neue haben. Die Kräuselkrankheit tut zuviel Abbruch. Nur Regen und nochmals Regen fehlt. Es ist jetzt schon das dritte Jahr, daß in der Zeit, wo die Bohnen sich entwickeln, so große Dürre herrscht. Die Wollbohnen haben von unten an angesetzt. Die Schoten hängen bis zur Erde und jetzt nach oben fällt alles ab. Schalotten sind noch nie so dick gewesen wie in diesem Jahr. Ohne Dung und künstlichen Dünger. Heute Nachmittag muß ich Brombeeren pflücken. Eine Portion haben schon Gerhards gepflückt. Nun werde ich heute von Gerhards welche mitpflücken. Nun vielleicht kommt doch noch etwas Regen, damit ich Grünkohl und Endivien pflanzen kann. Heute Nachmittag bin ich zum Garten gewesen und habe Brombeeren gepflückt. Ich muß die Stunden ausnutzen, die ich noch zur Verfügung habe. Ich will ein paar Gläser einkochen. Auch sind mehrere Gläser aufgegangen, die die Frauen eingekocht haben. Die muß ich noch einmal kochen. Schade, daß man keine Gummiringe bekommen kann. Wenn ich jetzt arbeiten werde, wird das alles schwieriger sein, zumal auch die Tage schon kürzer werden. Aber soweit es geht will ich doch einmachen, damit ich nicht wieder eines Tages vor dem Nichts stehe. Jetzt werde ich Dich doch schwer vermissen liebe Mutter. Mit dem Essen auf der Fabrik ist es auch nichts. Man hat noch einmal damit angefangen aber die Leute haben sich nicht angemeldet. Es ist ziemlich viel Wasser in der Suppe und Marken verlangen sie bedeutend mehr als früher. Nun sind wir ja mit zwei Mann da geht das Zubereiten ja auch schneller.

Montag, den 23. Juli 1945

Heute früh traf ich Toni Kallweit auf dem Wege zur Krankenkasse. Habe verschiedenes Interessantes erfahren. Soll sie mal besuchen. Hartenstein ist auch wieder da. Morgen fange ich nun an. Zuerst noch Aufräumungsarbeit in unserer alten Bude. Jachmann ist im Baufach. Obermeister Klewer äußerte sich nicht sehr günstig über ihn. Wenn ich nun erst richtig Fühlung genommen habe, nehme ich meinen Erholungsurlaub. Also auf in den Kampf.

Sonnabend, den 28.7.1945

Herbststürme gehen über das Land. Meiner Ansicht zu früh. Schwere Äste hat der Sturm abgebrochen. Alles ist aufgewühlt, auch ich. Ich ging vormittags zum Lohnbüro. Auf der Treppe begegnete ich Maria Berns. Auf das übliche woher, wohin, ist Auguste und die Mädchen schon da? stelle ich meinerseits die Frage und Ihr? wohnt Ihr noch in der Schubertstraße? Ich ja! Wie, Du ja, wo ist denn Theo? da rollen auch schon die Tränen. Theo ist tot, wußtest Du das noch nicht? Wie soll ich das wissen. Seit dem 9. Mai bin ich krank und nicht viel rumgekommen. Also der langen Rede kurzer Sinn ist folgender: Theo ist am 8. März bei einem Bombenangriff auf der Fabrik umgekommen. Ich war sprachlos. Mit 9 Mann liefen sie zum Bunker und Theo blieb auf der Strecke. Und jetzt brauchen wir Leute. Nieswandt klagt immer, wir haben zu wenig Leute. Sie wollte nun bei Fritsch auf dem Büro anfangen weil die Gewerkschaften wieder aufgezogen werden sollen. Am Nachmittag als ich nach Hause kam ruft Bergermann, Fritz ich habe Post für dich. Ich staune, eine Karte von Lübeck worauf sie mir mitteilt, daß sie noch gesund sind und ein Herr sie besucht hat, der Mutter in Sachsen gesprochen und welchem sie erklärt hat, daß sie nach Essen wollte. Ob allein oder mit den Kindern geht aus der Karte nicht hervor. Nun warte ich jeden Tag und Stunde aber es will niemand erscheinen. Wann wird das mal zu Ende sein? Diese Ungewißheit.

Sonntag, den 29. Juli 1945

Heute morgen haben wir schon ein bißchen aufgeräumt im Falle daß Ihr mal plötzlich da seid. Ich wollte für nächste Woche meinen Urlaub nehmen. Nun will ich noch etwas damit warten.

Montag, den 30.7.1945

Als ich heute nach Hause kam und den Flur betrat, wer kam gerade von oben herab? Heinz! Ich hatte gerade ein paar Bretter auf der Schulter sonst wäre ich ihm um den Hals gefallen! Nun habe ich ein paar Tränen verdrückt und habe ihn begrüßt. Meine Freude war groß. Wir gingen nach oben und ich machte Kaffee. Als Paul nach Hause kam kochten wir einen Topf von den kleinen Kartoffeln und brieten sie in der Pfanne. Wir hatten gerade unsere Zuteilung an Heringen erhalten da konnten wir ihn ganz gut bewirten. Der arme Kerl war schon lange unterwegs und hatte einen guten Hunger. Er hat die Durchgangsläger ganz gut überstanden ist aber ziemlich schmal geworden. Jetzt wird er wahrscheinlich Bergmann werden oder er muß besonderes Glück haben, wenn er auf dem Büro ankommt. Er hat nämlich bei seiner Entlassung „kaufmännischer Angestellter im Bergbau“ angegeben. Na wer weiß wozu es gut ist. Wenn er die Gründe darlegt, muß man ihm recht geben. 1. die Wohnungsfrage, 2. die Ernährungslage und 3. ein jeder will so schnell als möglich nach Hause. Nun warten wir auf Euch und Josef. Hoffentlich kommt Ihr auch bald.

Donnerstag, den 2. August 1945

Gestern als wir nach Hause kamen, fanden wir eine Vorladung der Kruppschen Wohnungsverwaltung vor. Ich war heute Vormittag während der Arbeitszeit da aber es waren so viele Menschen da, daß ich umkehrte. Alle 20 Minuten war einer abgefertigt. Nun will Paul am Nachmittag hingehen, dann werden wir sehen, um was es sich handelt. Wahrscheinlich Räumung der Schule. Man kommt nicht zur Ruhe. Wer weiß wohin und dann wieder der Umzug.

Frank Bajohr
Verdrängte Jahre – Gladbeck unter'm Hakenkreuz
264 S., 19,80 DM
ISBN 3-88474-103-9

Ausgehend von der so oft gestellten Frage "Wie konnte das geschehen" werden die grundlegenden Faktoren der nationalsozialistischen Machtergreifung in Gladbeck aufgezeigt. Die "steckengebliebene" Revolution 1918-20, die in Gladbeck mit dem Einmarsch einer präfaschistischen Marinebrigade endete, die Spaltung der Arbeiterbewegung, symbolisiert durch kommunistische Sozialfaschismus- und sozialdemokratische Kommunazi-Parolen, die anpasserische Haltung des katholischen Zentrums, das sich noch im April 1933 der trügerischen Hoffnung hingab, die Nationalsozialisten im Gladbecker Stadtrat "einrahmen" zu können, werden in den einzelnen Kapiteln näher erläutert und thematisiert.
Die eigentliche Herrschaft des Faschismus in Gladbeck wird aus der Perspektive seiner Gegner geschildert: Sozialdemokraten und Kommunisten, die sich in der Illegalität zu Widerstandsgruppen formieren, spontane "Volksopposition", die die NS-Justiz unter dem Begriff "Heimtücke" subsumiert, Geistliche, die entgegen der linientreuen Haltung ihrer Amtskirche die Unvereinbarkeit von Nationalsozialismus und Christentum erkennen und in Konfliktsituationen den Mut zum Protest finden, Juden, die im Rahmen des faschistischen Rassismus diskriminiert, vertrieben und umgebracht werden.

Rainer Stöcker
Noch bleibt der volle Tag uns zu ersiegen
Geschichte der Hagener Arbeiterbewegung
Band I, 1848-1923
280 S., 24,80 DM
ISBN 3-88474-104-7

Ihre Namen sind in Vergessenheit geraten. Keine Straße der Stadt erinnert an sie: an Peter Post und Kaspar Butz, die Hagener Führer des Aufstandes gegen den preußischen König vom Mai 1849; an die Sozialisten, die wenige Stunden vor Ausbruch des Ersten Weltkrieges auf dem Emilienplatz für Frieden und Völkerfreundschaft demonstrierten; an Oettinghaus, Sobanski und Engelking, die die Verteidigung der Weimarer Republik gegen die Kapp-Putschisten mit ihrem Leben bezahlten.
Der Band ist der erste Teil eines zweibändigen Werkes, das sich mit der Geschichte der Hagener Arbeiterbewegung von 1848 bis 1933 beschäftigt. Es soll die revolutionären Traditionen in das Gedächtnis rufen und dazu ermuntern, die eigene Gegenwart genauer ins Auge zu fassen. Das Buch ist - wie jedes andere Geschichtswerk auch - subjektiv, nicht im Sinne der Herrschenden, sondern im Sinne der Unterdrückten, der um ihre Freiheit Kämpfenden.

Hermann Bogal
Rote Fahnen im Vest
Bd.1: Novembertage 1918 in Recklinghausen
132 S., DM 13,-
ISBN 3-88474-101-2

...Warum liest man nirgends von den grauenvollen Morden im Stadtgarten ?
Warum steht davon nichts in der bisherigen Recklinghäuser Stadtgeschichte ?
Wer weiß von dem Mord an dem jungen Esseler Arbeiter Schubert in Suderwich ?
Eine Antwort auf diese Frage stellt sicher die Tatsache dar, daß die traditionelle Heimatgeschichte im Vest Recklinghausen auch nach 1945 nicht an sozialistische, radikal-demokratische und antifaschistische Traditionen anknüpfte, sondern bis auf wenige Ausnahmen befangen blieb im muffigen Halbdunkel einer heilen Pohlbürgerwelt, in der für real ablaufende Geschichtsprozesse kein Platz sein soll. Es ist ein Verdienst Hermann Bogdals, die Ereignisse nicht im Dunkel der Vergangenheit zu belassen, sondern zu versuchen, sie im Sinne einer demokratischen lokalen Geschichtsschreibung im Bewußtsein breiter Bevölkerungsschichten zu verankern.
Der Autor Hermann Bogdal ist dabei in zweierlei Hinsicht von Bedeutung für die örtliche Geschichtsschreibung; zum einen ist er mit seinem ereignisreichen Leben selber ein Stück Geschichte der Arbeiterbewegung, zum anderen versteht er es, die Erfahrungen dieses von politischem Denken und Handeln geprägten Lebens in seine historischen Arbeiten einfließen zu lassen.

Hermann Bogdal
Rote Fahnen im Vest
Bd. 2: Widerstand gegen den Kapp-Lüttwitz-Putsch
168 S., DM 15,80
ISBN 3-88474-102-0

Hermann Bogdals Buch liefert ein spannendes Kapitel Lokalgeschichte. Er verbindet die sachkundige Analyse zahlreicher Archivmaterialien und Dokumente mit der engagierten Perspektive eines Betroffenen, d.h. eines Mannes, der die Geschichte des letzten halben Jahrhunderts in Deutschland nur zu oft erlitten hat.
Auf höchst anregende Weise wird dabei die eigene Stadt als Ort historischer Ereignisse erkennbar, die – obwohl erst 60 Jahre vergangen sind – fast spurlos aus dem öffentlichen Bewußtsein gelöscht sind.
Es ist allerdings nicht nur eine Reise in eine vergessene Vergangenheit. Denn die Zeit, die er beschreibt, ist die der Jahre 1918-1920. Und damals fielen folgenschwere Entscheidungen für die Geschichte Deutschlands. Auch im lokalen Rahmen, das macht das Buch klar, wurden dabei Kräfte und Konflikte sichtbar, die mit unserer Gegenwart zu tun haben.

in den Hintergrund getreten,
erst die neuen Staatsführungen
haben es wieder zu einem Haupt-
problem gemacht. Haben nun
die Siegerstaaten von 1918 keine
Schuld an dieser Entwicklung oder
daran, daß sie diesen Weg ging?
Ja ein außerordentlich gro-
ßes Maß! Hätten sie die Unterle-
genen anders behandelt, ihnen
Erleichterung gebracht, versucht
sie diese wirtschaftlich zu unter-
stützen, vielleicht wäre heute die
Gefahr eines Krieges nicht so groß.
Aber gehörte Stalin nicht zu den
Siegerstaaten? Ja, aber Stalin
würde heute nicht die Macht
besitzen wenn er nicht Deutsch-
land als Rückendeckung hätte.
So zieht einer den andern nach sich.